Don de l'auteur.

NICOLAS J. POPA

Le thème et le sentiment de la mort chez Gérard de Nerval (1808-1855),

▫▫▫

Le thème et le sentiment de la mort chez Gérard de Nerval (1808-1855)

— Essai sur un aspect du sentiment de la mort —

INTRODUCTION

Le thème de la mort est entré dans la littérature avec les premières méditations de l'homme sur son destin. Le passé, ce vaste „cimetière" des grandes actions éteintes, des impressions effacées et des „moi" oubliés, nourrit ce sentiment de son „frisson historique", éprouvé devant la mort éternelle et devant son mystère.

La préocupation des fins dernières de l'homme et de la vie, plus encore peut-être que l'angoisse du passé évanoui, ajouté à ce thème poignant en lui-même, de nouveaux traits de profond lyrisme et de tragédie humaine.

Cette „sorte de divinité aveugle et cruelle" a hanté tous les grands et petits lyriques. C'est ce qui a fait dire à un critique moderne que, pour juger de la valeur d'un poète, il suffit de lui demander ses réflexions sur l'amour, Dieu, la nature et la mort. Nous oserions même avancer que le thème de la mort, à lui seul, pourrait fournir des données suffisantes pour porter un jugement sur la psychologie et la valeur littéraire d'un lyrique.

On n'aborde presque jamais directement l'idée de la mort. Elle est en général l'aboutissement d'une série parfois longue d'étapes psychologiques préparatoires, de méditations qui concourent à l'éclosion de ce thème, unitaire en son essence première, mais si riche en nuances.

Nombreuses sont les considérations qui conduisent l'esprit à l'idée de la mort: la fragilité de la vie et ses aspects instables, le chemin parcouru entre les deux néants, les mélancolies du passé; les méditations religieuses fondées sur la survie et qui considèrent la vie simplement comme une préparation à la mort; l'amour qui a toujours été considéré comme un „avant-goût de la mort" et donnant, avec le bonheur suprême, le désir d'anéantissement total; les aspects changeants de la nature, l'infini de la Création où l'homme se perd, insignifiant; ce renouvellement perpétuel, où la mort et la vie s'entretiennent, étroitement liées; les méditations sur la mort elle-même, comme perspective du „moi", engagent les conceptions que l'on a formulées sur la vie. Ces deux derniers groupes de conceptions corrélatives s'engendrent et se conditionnent l'un l'autre: la façon dont on envisage l'au-delà découle nécessairement de l'attitude devant la vie; de même, la philosophie, fruit de l'expérience de la vie, fait reculer l'horizon de l'inconnu et en éclaire le seuil de ses lumières. Du point de vue spécial de notre étude, les conceptions pessimistes présentent des pensées plus profondes que les optimistes. Les premières s'attaquent à des problèmes plus hauts et d'une portée plus large, permettant par là un jeu plus libre des facultés.

A l'état de simple préoccupation ou idée d'abord, relevant plutôt de la philosophie, devenu obsession dans la suite, s'élevant au rang de sentiment ancré dans le coeur; tour à tour crainte et horreur dans les petites âmes, appétit maladif de l'au-delà pour certains esprits tourmentés ; salut et refuge des grands désespérés,—le thème de la mort prend son point de départ dans les fibres les plus intimes de l'âme humaine et relève de tous les domaines de la pensée et du coeur; religion, philosophie, science, morale. Voilà pourquoi une étude de ce genre exige qu'on dresse une véritable carte de tous les états de sensibilité de l'auteur étudié,—permettant d'établir les moments qui ont favorisé la cristallisation de son attitude à l'égard de la mort.

Cette pensée de la mort, en effet, est une véritable pierre de touche, dont les réactions peuvent constituer des données psychologiques des plus importantes sur l'esprit d'un écrivain, en tant qu'elles engagent ses conceptions sur le sens de la vie.

Le mystère de Gérard de Nerval n'a cessé de préoccuper les esprits. Tout récemment encore, une thèse passée en Sorbonne [1], portait sur la genèse de sa fameuse „Aurélia", ce „testament littéraire" et cette „confession suprême",— et, implicitement, sur toute la personnalité complexe de ce doux rêveur illuminé, hanté par l'idée de l'au-delà et mort dans des conditions si tragiques [2].

Cette „biographie" de l'oeuvre, où l'histoire et les

---

[1] P. Audiat, *L'„Aurélia" de Gérard de Nerval*, thèse, Champion 1925.

[2] La thèse est un essai de „biographie" d'*„Aurélia"*, faite sur les documents fournis par la vie, l'information livresque du poète et sur ses états de sensibilité, tels, du moins, qu'ils apparaissent dans ses écrits, sa correspondance et surtout sa vie. Par la méthode génétique, „psycho-historique", M. Audiat remonte aux premiers germes de l'oeuvre et passe en revue toutes les formes successives qu'elle a revêtues dans la suite, jusqu'à l'élaboration définitive. Il remonte le fil générateur de l'oeuvre et en établit ainsi la „biographie".

données de la psychologie expérimentales sont employées pour expliquer ce „devenir" insaisissable qu'est la création littéraire, — paraîtrait avoir plus de chances à éclairer l'énigme de Gérard de Nerval. Notre poète, en effet, ne se laisse pas facilement saisir, étant de ceux qu'il faut comprendre, sans vouloir à tout prix l'expliquer. Un déterminisme rigoureux risquerait fort de n'aboutir à rien dans ce travail d'explication d'une oeuvre où la vie et le rêve, le réel et l'irréel s'enchevêtrent inextricablement. Et, puis, „il faudrait avoir dans l'esprit un peu de la poésie que Nerval avait dans le coeur"[1], pour raconter sa vie.

Ses biographes ont péché par un certain exclusivisme à vouloir attribuer tout son mal à une seule catégorie de causes, alors que leur complexe seul a pu mener le bon Gérard à sa fin tragique.

Gauthier-Ferrières [2] voit en lui une victime du romantisme et notamment du romantisme allemand. A. Barine [3] le fait entrer parmi ses **„Névrosés"** avec Hoffmann, Quincey et Poë; à côté du goût pour le vin, l'opium et l'alcool, qui explique les névroses de ces trois écrivains, ce serait „le rêve" et la folie qui auraient emporté Gérard.

Dans une thèse de médecine, feuille d'observation clinique, le dr. Barbier[4], appuyé sur certaines pages autobiographiques du poète, conclut à l'alcoolisme comme source de la folie.

Parmi les travaux plus récents consacrés à Nerval, celui de M. J. Boulenger [5] insiste longuement sur les

---

[1] A. Houssaye, *Gérard de Nerval — L'Artiste*, 4 février 1855.

[2] Gauthier-Ferrières, *Gérard de Nerval*, Paris, Lemerre, 1906.

[3] Arvède Barine, *Les Névrosés*, Paris, Hachette, 1898.

[4] Dr. G. Barbier, *Gérard de Nerval, Étude psycho-médicale*, Lyon, 1907.

[5] J. Boulenger, *Au pays de Gérard de Nerval*, Champion, 1914.

empreintes que les années d'enfance auraient laissées sur sa sensibilité excessive. M. A. Marie, dans son ouvrage [1], hommage ému au poète et travail si riche en renseignements, s'attache à démontrer que l'influence allemande et orientale n'ont fait que hâter l'éclosion des „semences mystiques" reçues dès l'enfance; en même temps, il donne une place centrale à l'amour pour Jenny Colon, décisif pour sa vie.

D'autres auteurs [2] contestent l'influence allemande: ce ne serait, en somme, qu'un rapprochement de sensibilités apparentées: les écrivains allemands auraient seulement développé sa tournure d'esprit mystique.

Enfin le livre de M. Audiat [3], bien que portant sur une seule oeuvre de Gérard, réussit, par une méthode serrée, à mettre un peu d'ordre dans ce complexe. Car il ne saurait être question de simplifier ce problème, plus complexe, peut-être, qu'on ne le pense, et très délicat à aborder exclusivement par les méthodes historiques. Sans avoir l'ambition de l'expliquer, n'étant pas en possession de faits nouveaux, nous allons essayer de présenter une interprétation de certains côtés de sa vie et de son oeuvre, qui ont trait à „l'idée de la mort".

La méthode „psycho-historique", dont la démonstra-

---

[1] A. Marie, *Gérard de Nerval, l'homme et le poète*, Paris, Hachette, 1914.

[2] J. Texte, *L'influence allemande sur le romantisme français*, dans *Etudes de littérature européenne*, Colin, Paris, 1901.

Julia Cartier, *Un intermédiaire entre la France et l'Allemagne: Gérard de Nerval*, Genève, 1904.

L. Betz, *Goethe und Gérard de Nerval*, „Goethe-Jahrbuch", 1897.

F. Baldensperger, *Goethe en France*, Paris, Hachette, 1904.

[3] P. Audiat, *L'„Aurélia" de Gérard de Nerval*, Paris, Champion, 1925.

tion a fait l'objet de la thèse principale de M. Audiat[1], se révèle très utile dans l'étude d'un auteur comme Gérard de Nerval. L'affirmation courante: „créer, c'est combiner" a rarement été plus justifiée.

Sur une sensibilité frémissante et extrêmement réceptive, viennent se greffer, tour à tour, des éléments étrangers comme origine, mais réclamés par certaines affinités secrètes entre le fond primitif du poète et les auteurs lus. Il s'y retrouve avec toutes ses aspirations intimes. Le procès d'assimilation progressive, d'adaption des thèmes, sujets, motifs, sentiments ou frissons nouveaux à ce terrain mobile que forme la sensibilité de l'écrivain, a vraiment de quoi passionner un historien littéraire désireux de saisir „le devenir" de la création artistique. Le cas de Gérard de Nerval illustre mieux que nul autre l'aspect double de ce problème: la „mobilité" des deux terrains[2] en contact rend la tâche du comparatiste extrêmement délicate.

Il serait risqué de chercher une „formule" du génie de Gérard. Dégager son originalité par l'indication des sources vivantes ou livresques qu'il a mises à profit ne saurait suffire. Notre intérêt se porte de préférence sur la façon de réagir du poète à l'égard des éléments littéraires empruntés.

---

[1] P. Audiat, *La Biographie de l'oeuvre littéraire, Esquisse d'une méthode critique*, Paris, Champion, 1925.

[2] Cf. L. Cazamian, *A propos de J. M. Carré, „Goethe en Angleterre"* (Paris 1918), *Revue germanique*, 1921, 4. M. Cazamian explique les problèmes d'influence par le „rythme psychologique", causalité interne et par le parallélisme des courants d'idées résultant des rythmes analogues. En tout cas, la littérature comparée, avec ses méthodes, ne le satisfait pas lorsqu'il s'agit de suivre le processus d'interpénétration de deux mentalités évoluant sans cesse.

Ce lieu commun, lyrique, le thème de la mort, prend chez Gérard les proportions d'un problème largement philosophique, alimenté de riches sources religieuses et mystiques; considérant ce thème comme une véritable pierre de touche, nous avons l'espoir que son étude serait susceptible de fournir des données intéressantes, concernant la psychologie du poète.

I.

Les origines de l'idée de la mort.

1. La Jeunesse.

C'est l'époque de sa vie qui prête le plus à discussion. Le plupart des biographes de Nerval trouvent dans son hérédité, sinon des tares, du moins des prédispositions qui marquent le poète du soeau de la fatalité. A. Barine [1] le voit condamné dès l'enfance à la folie. Le dr. Barbier croit à son „hérédité pathologique" et à ses „tares de véritables dégénéré", le poussant à l'alcoolisme irrésistible [2]. L'humeur solitaire et ombrageuse de son père, d'un côté, la sensibilité excessive de sa mère, de l'autre, nous paraissent expliquer: son goût marqué pour la vie solitaire, l'exaltation où le plonge la rêverie, et son impressionnabilité maladive. Il semble, en effet, que les impressions premières jouent un grand rôle dans la vie sentimentale de Gérard: l'image d'Adrienne, contemplée au milieu d'une ronde d'enfants, reviendra à maintes reprises, réincarnée dans d'autres femmes. L'idylle de ses premières années domine toute son existence. Et cette image du monstrueux Léviathan,— serrant dans ses mains un homme,— qui ornait le **Faust** de Klinger,— [3], quelle forte obsession pour lui!

---

[1] A. Barine, ouvr. cité, p. 361.

[2] Dr. Barbier, ouvr. cité.

[3] Gérard de Nerval, *Les filles du feu, Angélique.*

C'est ce qui fait dire à M. A. Marie [1] que la destinée de Gérard s'est inscrite avec les premières impressions de l'enfance: à l'exemple de son père, épris de merveilleux et d'aventures, Gérard enfant caresse déjà l'espoir des voyages aux beaux pays lointains [2]. Dans ses **Promenades et souvenirs** [3], le poète attendri rappelle le souvenir de sa mère morte, obsession de ses années d'enfance.

Il ne faut accepter qu'avec beaucoup de réserves et de discernement les données autobiographiques de Gérard, qui font la trame de ses oeuvres. N'oublions pas qu'il a ce retour tragique sur les temps heureux de l'enfance vers 1850 à peine; c'est alors qu'il conçoit l'idée d'écrire **Sylvie** et les **Promenades et Souvenirs.** L'interprétation des années d'enfance par un esprit mûr, meurtri et en déclin, ne saurait être faite qu'au détriment de l'exactitude et de la vraisemblance. Bon nombre de ces erreurs, voulues ou inconscientes [4], ont déjà été relevées [5], et nous n'avons plus à y revenir [6].

La grosse question que soulève la vie de Gérard, du

---

[1] A. Marie, ouvr. cité, p. V.

[2] Gérard de Nerval, *Promenades et Souvenirs*, IV, *Juvenilia.*

[3] *Ibidem :* „La fièvre dont elle est morte m'a saisi trois fois, à des époques qui forment dans ma vie des divisions singulières, périodiques; toujours à ces époques je me suis senti l'esprit frappé des images de deuil et de désolattion qui ont entouré mon berceau".

[4] Gérard écrit ces oeuvres entre des périodes de crise: 1853-1854.

[5] Cf. J. Boulenger, ouvr. cité; A. Marie, ouvr. cité; P. Audiat, ouvr. cité; *passim.*

[6] Il n'est pas dans notre dessein de refaire la biographie de Gérard de Nerval après celle de M. Marie. On ne reprendra avec succès la tâche que lorsqu'on aura publié tout ce qui reste inédit de l'auteur de *Sylvie*, notamment après l'apparition de ses *Oeuvres complètes*, que prépare M. E. Champion, entouré des plus éminents nervaliens. Nous nous bornons à relever les faits qui éclairent la genèse du sentiment de la mort chez notre poète.

point de vue spécial de notre travail, est celle de refaire l'histoire de ses états de sensibilité, d'établir l'ordre dans lequel sont venues se greffer les impressions et les influences étrangères sur son esprit déjà attiré par le domaine de l'irréel et du mystérieux. Il serait de toute première importance de suivre les traces laissées dans son esprit, tour à tour, par les romantiques allemands, les livres d'initiation occultiste, l'Orient, les religions ésotériques. Et, comme Gérard nous renseigne assez peu là-dessus, et souvent avec peu de scrupules d'exactitude, on est obligé de recourir à la confrontation de ses oeuvres avec sa correspondance et avec les faits, de vérifier ses assertions par l'information que l'on peut avoir de son époque. L'épreuve a déjà été faite et les surprises n'ont pas manqué.

Nous sommes encore disposé à croire à son „enfance merveilleuse", dont le souvenir attendri le hantera douloureusement, plus tard, dans la misère. Les paysages du Valois, l'atmosphère de conte de fées où vécut le jeune Gérard, en compagnie de gracieuses petites filles. l'invitaient „à laisser couler la vie, à la rêver, au lieu de la vivre" [1]. Il se laisse „imprégner de toutes les mélancolies de cette terre de légendes" [2]. Le goût du romanesque et de l'irréel le gagne et annonce déjà chez ce „fol délicieux" l'appétit de spiritualité et de vie supraterrestre.

Ce sont là les „semences mystiques" qui vont germer sous la poussée du levain germanique et oriental, combiné avec la forte influence illuministe.

Ici se place le débat sur le moment où Nerval a „ingéré cette pâture malsaine" [3] des livres d'occul-

[1] M. Buffenoir, *Gérard de Nerval et ses derniers biographes*, *Revue bleue*, 16 août 1921.

[2] A. Marie, ouvr. cité, p. 15.

[3] Gérard de Nerval, Préface des *Illuminés*, *La bibliothèque de mon oncle*.

tisme. Dans la préface des **Illuminés** (1852) il affirme s'être initié dès l'enfance dans ce domaine, par la bibliothèque de son oncle. M. A. Marie le croit sur parole [1]. Ermenonville, ancien centre d'occultisme, lui aurait suscité „le goût du mystère et la foi en l'invisible",

Par contre, M. Audiat [2], appuyé sur les inventaires de cette bibliothèque, découverts par M. Marie et qui attestent que Gérard embellissait l'histoire, suppose que notre écrivain n'a connu l'occultisme que plus tard [3]. Il paraît, en effet, exagéré d'admettre chez un enfant l'inquiétude métaphysique aboutissant à une interprétation religieuse de l'univers et à cette sorte de panthéisme spiritualiste, qu'il devait trouver plus tard chez les Allemands et dans les idées pythagoriciennes.

2. Les livres.

a) *Les auteurs allemands.*

Il a toujours paru extrêmement délicat de mesurer la portée exacte de l'élément morbide allemand dans l'esprit et dans l'oeuvre de Gérard de Nerval.

Il y a, certes, attrait de psychologie entre le poète, déjà disposé en faveur du mysticisme, et les écrivains allemands [4]. Tous les critiques abondent dans ce sens [5], mais on a tort, à notre avis, de ne pas reconnaître à

---

[1] A. Marie, ouvr. cité, *Les Origines*, *Semences mystiques*.

[2] P. Audiat, ouvr. cité, p. 45 et suiv.

[3] Cf. plus bas, *Les auteurs allemands* et *L'initiation illuministe*.

[4] Julia Cartier, ouvr. cité.

[5] L. P. Betz, *Goethe und Gérard de Nerval*, *Goethe-Jahrbuch*, 1897.

L. P. Betz, *Heine in Frankreich*, Zürich, 1894.

J. Texte, ouvr. cité.

L. Reynaud, *L'influence allemande en France au 18-e et 19-e siècles*, Hachette, 1922. — Pour l'Orient de Gérard, vu à travers la littérature allemande, voir John Alfred, *Gérard de Nervals Beziehungen zum Orient*, Greifswald, 1912.

la littérature allemande une plus large part dans la formation psychologique et intellectuelle de Gérard. Gauthier-Ferrières [1] seul exagère dans le sens contraire; l'auteur d'Aurélia serait, d'après lui, la victime du romantisme allemand,— ce qui est, assurément, aller trop loin.

Même si l'on admet que l'idée de la mort n'avait pas encore pris chez lui une forme morbide avant 1841, date de sa première crise [2], les années de jeunesse n'en apparaissent pas moins comme une longue „incubation mystique" ; il y est préparé par son étrange tournure d'esprit et par sa vie déréglée, par ses lectures françaises et allemandes et surtout par ses amours malheureuses.

Avec le temps, les souvenirs et les images disparues, au lieu de s'effacer, deviennent de plus en plus fortes:

> Depuis trois ans, par le temps prenant force,
> Ainsi qu'un nom gravé dans une écorce,
> Son souvenir se creuse plus avant [3].

Les preuves de cet état d'esprit déjà inquiétant il ne faut point les chercher dans son oeuvre d'avant 1840. En effet, si l'on s'en tenait aux aspects tellement classiques, si clairs et essentiellement français, où ne perce nul indice de son trouble mental, rien ne ferait soupçonner ses troubles préoccupations de l'au-delà et son goût maladif du mystère, qu'il refoulait soigneusement et jalousement en lui-même. Et, alors, c'est du côté de ses préoccupations, dans sa vie elle-même, qu'il faut chercher ce que ses écrits refusent de nous livrer. Ce double aspect de sa personnalité ne cessera

---

[1] Gauthier Ferrières, ouvr. cité.

[2] P. Audiat, *l'„Aurélia" de Gérard de Nerval*, Paris, Champion, 1925, p. 13 et suiv.

[3] Gérard de Nerval, *Odelettes rythmiques et lyriques, La grand'mère*.

jamais d'être un des points les plus curieux de l'histoire littéraire.

Avec quelle inquiétude il a surveillé tout ce qui aurait pu faire soupçonner le „second moi", ce „frère mystique", contre lequel il se débattait depuis son adolescence! „N'osant point dévoiler cet attrait du mystère, de l'au-delà et de l'inconscient qui le tourmente, il va, sous prétexte d'intérêt littéraire, à ceux qui sont hantés des mêmes préoccupations: il demande à l'Allemagne un refuge à son rêve" [1].

La curiosité de Nerval était immense et le cercle de ses préoccupations s'étendait bien plus loin que celui de ses contemporains. Il a eu tort de ne consigner dans son oeuvre qu'une très faible partie de ce qui traversait son esprit. De ce point de vue, sa vie nous en dit plus long que ses oeuvres.

Il nous est difficile de croire à son opportunisme comme seule raison qui ait arrêté son choix dans les Poésies allemandes (1830) [2]. Les pièces de ce recueil répondent bien par la tonalité de leur inspiration au „goût d'un public épris de fantastique ou de macabre" [3], mais surtout aux préférences marquées de Gérard. Rien ne nous autorise à lui attribuer des concessions en vue d'une gloire facile. Il est vrai qu'il y a également dans ce recueil des vers classiques, dignes de figurer dans n'importe quelle anthologie, mais le nombre des morceaux relevant de la poésie fantastique dépasse de beaucoup les premiers.

---

[1] Julia Cartier, ouvr. cité, *Introduction.*

[2] P. Audiat, ouvr. cité, p. 47.

[3] *Ibid.* Cf. également F. Baldensperger, *Goethe en France*, Paris, Hachette, 1904, p. 122: „si le romantisme de 1820 avait surtout goûté l'évocation du transcendant et du suprasensible, qu'offraient les ballades de Goethe, il est certain qu'aux approches de 1830 l'affabulation fantastique, le pittoresque étrange étaient ce qu'on y devait surtout goûter".

Un indice: un certain nombre de thèmes des **Poésies allemandes** furent repris et refaits par Gérard; à force de les travailler, il a fini par les rendre siens. C'est le cas de **la Lenore** de Bürger, qu'il a reprise par cinq fois[1], et du **Roi de Thule.** Ce sera plus tard celui de **Faust,** de certains vers de Heine[2], de quelques thèmes fantastiques d'Hoffmann[3], ou de Jean-Paul Richter, avec son thème de la „crucifixion". [4].

Pourquoi cet acharnement à des thèmes si sombres? N'est-ce pas parce qu'il pouvait s'y épancher impunément? Aussi, la plupart des vers allemands qu'il livre au public français relèvent de l'esprit fantastique, sur-naturel, mystique ou morbide.

Parmi les ballades de Goethe[5], **Le Roi des Aulnes** et **L'Elève sorcier** utilisent déjà le merveilleux populaire et la magie. **Dieu et la bayadère** exalte la force de l'amour rédempteur et de la douleur qui purifie. Dans **Le Roi de Thulé,** Gérard trouve la mystique de l'amour qui confine à la mort. L'unique consolation aux douleurs intimes sont les larmes, la solitude et la contemplation du ciel **(Consolation dans les larmes),** ou bien la mort **(La noble femme d'Assan-Aga).**

De Schiller il a choisi **La Chanson de la cloche,** sonnant comme un glas et rappelant le néant de l'homme et de la vie: „Les ans fuient comme un trait!... Ici-bas

---

[1] F. Baldensperger, *Études d'histoire littéraire*, 1-ère série, Paris, Hachette, 1907, *„Lénore" dans la littérature française*, p. 159.

[2] L. P. Betz, *Heine in Frankreich*, Zurich, 1894.

[3] H. Breuillac, *Hoffmann en France*, *Revue d'histoire littéraire de la France*, 1906, 1907.

[4] F. Baldensperger, *A. de Vigny, Contribution à sa biographie intellectuelle*, Paris, Hachette, 1912, *Le Songe de Jean-Paul Richter dans le romantisme français*, p. 159 et suiv.

[5] Pour les poésies dont il sera question plus bas, voir Gérard de Nerval, *Oeuvres complètes*, 6 vol., M. Lévy, 1867-1877; le 1-er vol. contient les deux *Faust* et les *Poésies allemandes*.

rien n'est stable, et tout passe comme un vain son". **Le Plongeur** met l'homme aux prises avec les forces tumultueuses de la Nature, devant lesquelles il succombe. **La Puissance du chant, Pégase mis au joug** et **Le partage de la tere** louent la hauteur de l'inspiration artistique, participant de Dieu. **Le commencement du 19-e siècle** est plein du sentiment de la solitude morale. Dans **L'Idéal,** Schiller pleure amèrement sur les brillantes chimères évanouies et rappelle „le temps doré de la jeunesse". Mais le temps fait son oeuvre: tout „court précipiter ses ondes dans la mer de l'éternité". Enfin, **La Bataille** affirme l'immortalité de l'âme et la possibilité de se revoir „dans un autre monde".

L'inspiration religieuse de Klopstock, après une apologie de Dieu, pose le problème des fins dernières et envisage la résurrection des morts et le jugement suprême **(Les Constellations)**; dans l'ode **A Schmid,** le poète, au seuil de la mort, invite sa bienaimée à le suivre: „Un pressentiment de la vie future, un souffle de l'esprit divin descendra sur toi et t'inondera de délices. Oh! viens"!

La **Lenore** de Bürger, ce vigoureux poème de l'amour et de la mort, „qui a fait de la croyance populaire aux spectres et aux revenants un si puissant ressort d'émotion poétique"[1], ce „crescendo de terreur dans les visions indécises, qui préparent la vision finale de la mort"[2] devait attirer particulièrement Gérard de Nerval. Le lyrisme fantastique et macabre du poème avait valu au poète allemand une rapide diffusion et un grand succès en Angleterre où, pendant la seconde moitié du XVIII-e siècle „un romantisme de

---

[1] M-me de Staël, *De l'Allemagne, De la poésie allemande*, 1813. t, I

[2] F. Baldensperger, *Études d'histoire littéraire*, 1-ère série, Paris, Hachette, 1907, *La Lenore dans la litt. française.*

mystère et d'horreur faisait rage" [1]. En France le choix de Lenore répondait à d'autres nécessités.

L'année 1830 marque l'apogée du romantisme français, „où des préoccupations de réalisme dans l'expression s'ajoutaient aux curiosités transcendantales de l'âge antérieur" [2]. M. F. Baldensperger ajoute encore que, de tous les poètes de cette génération, le mieux fait pour goûter et pour rendre le clair-obscur frissonnant de Lenore, était Gérard de Nerval. Il avait „cette veine de superstition qui conduit si loin dans le fond du coeur" [3].

La Mort, sous le masque de l'amant, vient chercher une jeune fiancée, qu'elle emporte dans une chevauchée fantastique, la nuit, entourée de spectres hurlants, jusqu'à la tombe. Gérard s'attaque par cinq fois à ce thème. „Le romantisme s'était tout de suite reconnu dans cette accumulation d'horreurs [4]."

Et M. Reynaud signale, après M. Baldensperger [5], le succès immense de cette ballade, par „le véritable délire de chevauchées fantastiques et par leur écho dans les ateliers, où l'on ne vit plus que spectres, potences et cimetières".

Deux idées ont dû persister dans le souvenir des poè-

---

[1] Cf. *Magasin encyclopédique*, 1797, cité par F. Baldensperger, ouvr. cité. Cf. également F. Baldensperger, ouvr. cité, *Young et ses nuits en France*, et P. Van Tieghem, *La poésie de la nuit et des tombeaux en Europe au XVIII-e siècle*, Paris, Rieder, 1921. Les auteurs s'occupent de l'„école des cimetières" anglaise qui, née de la poésie sépulcrale de Grey, Hervey, Young, eut des fortunes très différentes en Europe.

[2] F. Baldensperger, ouvr. cité, *Lenore...*, pp. 158, 159.

[3] M-me de Staël, citée par F. Baldensperger, ouvr. cité.

[4] L. Reynaud, *L'influence allemande en France au 18-e et au 19-e siècle*, Paris, Hachette, 1922, p. 195.

[5] Ouvrage cité , pp. 161, 162.

tes,— comme le remarque M. Baldensperger [1]. 1) En amour il peut se faire que „le mort saisisse le vif", que l'amante, „impatiente de partager le sommeil divin du fiancé", soit attirée par la tombe, et 2) le chant éternel de l'amour et de la mort, qui pourrait servir de trame à tout ce roman d'amour mystique qu'allait faire la vie de Gérard.

Lenore, avant Hoffmann et **Faust,** „contribue à donner au romantisme la signification de littérature transcendentale et métaphysique" et „à incliner le premier romantisme vers le fantastique [2]. Ces thèmes germaniques morbides, „les morts vont vite", „les chevauchées fantastiques", dont on connaît la large diffusion et à l'élaboration desquels Gérard s'attarda si longtemps, ne sauraient être séparés de sa personnalité même.

Le féroce chasseur de Bürger tient de la même inspiration fantastique. Comme dans **Lenore,** un sacrilège est durement puni par une torture sans terme; une chevauchée en accroît la terreur. Le **Sonnet** du même poète rappelle la **Melancholia** de Dürer: le même „soleil noir" que Nerval reprendra souvent. La condamnation divine fait le sujet de **La Mort du Juif errant** de Schubart. Ahasvérus, condamné à ne plus avoir de repos jusqu'au retour du Christ, se voit poursuivi d'un démon noir. Les douceurs de la mort, le repos de la tombe, tout cela, depuis, lui est refusé. Il invoque la mort. En vain: „l'effroyable sentence pèse sur lui pour l'éternité". Et les lamentations du Juif errant prennent le ton du Caïn byronien, qui, las de souffrir, implore la mort. Enfin la miséricorde divine lui accorde le repos éternel [3].

---

[1] F. Baldensperger, ouvr. cité, p. 164.

[2] *Ibid.*

[3] M-lle J. Cartier, dans sa thèse citée, indique des passages

Il traduit de Jean Paul „**Un rêve**", plainte amère sur l'envol de la jeunesse et „**Le bonheur" de la maison**", drame d'amour, auquel le stoïcisme seul offre une issue [1].

Les **Poésies allemandes** pourraient servir d'indice dans une enquête sur l'orientation poétique de Gérard vers 1830 [2] Si l'on y ajoute sa traduction de **Faust**, où il paraît avoir cueilli les premières connaissances d'occultisme [3],— préoccupations fatales à son esprit,—on peut se faire une idée, malheureusement vague et hypothétique, de sa psychologie à cette époque-là.

On est d'accord à lui reconnaître une tournure d'esprit philosophique et une teinte métaphysique très prononcée, qui faisaient de lui un traducteur autorisé de **Faust**. Il avait réellement „le sens des choses allemandes [4].

Théophile Gautier, parlant du „germanisme intellectuel" de Nerval [5], rappelle que celui-ci roulait deux

---

de ce poème, „horrifique et désordonné" qui ont servi au *Champavert* de P. Borel, notamment la scène où Ahasvérus, désespéré de ne plus mourir, roule les crânes de son père et de ses femmes.

[1] „C'est le destin. Qu'y faire ? Se résigner, cacher au fond du soi, comme au fond d'un sanctuaire, sa douleur incommensurable ; environner son âme d'un fossé, couper le monde à l'entour et, comme l'archange tombé, ramener ses ailes sur ses yeux, de peur que les autres ne se prennent à rire en vous voyant pleurer."

[2] Son recueil est, en somme, „le romantisme français dans toute la fureur de sa morbidité et il n'aurait pu se trouver un meilleur symbole" que ces poèmes retenus: *Lenore, Le Chasseur féroce, Le Roi des Aulnes, Mignon, Le Roi de Thule, Ahasvère, La Revue nocturne.* Cf. A Dupouy, *France et Allemagne, littératures comparées*, Paris Delaplane, 1913, p. 97.

[3] P. Audiat, ouvr. cité, pp. 48, 49.

[4] A. Dupouy, ouvr. cité, p. 81.

[5] Th. Gautier, *Portraits et souvenirs, Gérard de Nerval*, Paris, M. Lévy, 1875, p. 7 et suiv.

grands drames dans son esprit; l'un moderne, d'un caractère philosophique, une sorte de Faust; l'autre, oriental, biblique et social, Et Gautier ajoute que le premier ne fut jamais achevé. Gérard y revient, néanmoins, plusieurs reprises et, s'il ne réussit point à créér le drame philosophique qu'il rêvait, il donne une traduction de Faust, et, plus tard, celle du Second Faust, où il trouvait une réponse complète aux problèmes hallucinants de la survie.

M. P. Audiat [1] soutient que Gérard n'aurait connu l'occultisme qu'assez tard, d'abord indirectement, à travers la littérature allemande, et seulement plus tard d'une manière directe, par quelques livres anciens et modernes, „information très bornée et superficielle". Il n'aurait fait, en cela, que „suivre le goût de l'occultisme", en vogue vers 1830. Ce serait donc Faust, qui, „selon toute vraisemblance", l'aurait introduit dans le monde de l'occultisme. Et M. Audiat précise ce que le poète a puisé dans le drame de Goethe: „l'évocation des esprits célestes, la conjuration des esprits infernaux, les recettes d'alchimie, le pentagramme inviolable, la fantasmagorie de la Cuisine de sorcier", etc. doctrines qui ne paraissent point familières au traducteur,— vu la sobriété de ses commentaires [2]. Il est juste de reconnaître que l'examen analytique qu'il fait de Faust est superficiel. Attiré par des théogonies, des religions et des superstitions, il s'est borné à saisir l'affabulation de la pièce. Il paraît, en effet, que, si Faust le fascine, ce n'est point par ses symboles, mais par l'atmosphère de fantastique où évolue le poème [3].

---

[1] P. Audiat, ouvr. cité, pp. 46-49.

[2] P. Audiat, ouvr. cité, p. 48.

[3] A. Marie, ouvr. cité, p. 32. Dans son *Imagier de Harlem* et dans sa traduction de *Faust* le génie allemand et le symbolisme philosophique de Goethe sont superficiellement et imparfai-

Tout en admettant que de 1828 à 1840,— date où il publie une analyse du **Second Faust** et la traduction intégrale d'Hélène,— il s'occupe à approfondir ces doctrines qui composent la philosophie mystique de Goethe [1], nous avons pourtant l'impression assez nette que Gérard avait déjà les préoccupations qui constituent le fond intellectuel de l'oeuvre allemande, avant même de se documenter sérieusement dans ce domaine. Il les avait à l'état d'intuition, assez vagues il faut bien le reconnaître, comme il eut, d'ailleurs, toutes les idées qui font de lui un initiateur. L'intuition vaut chez lui plus que la science raisonnée.

Dans la préface de la première édition de **Faust** (1828), il se demande: „Quelle âme généreuse n'a éprouvé quelque chose de cet état de l'esprit humain, qui aspire sans cesse à des révélations divines, qui tend, pour ainsi dire, toute la longueur de sa chaîne, jusqu'au moment où la froide réalité vient désenchanter l'audace de ses illusions ou de ses espérances et, comme la voix de l'Esprit, le rejeter dans son monde de poussière" [2]?

D'après Ch. Monselet [3], son contemporain, „cette traduction était l'aboutissement d'une longue hantise et comme la satisfaction d'une lointaine nostalgie".

En dépit de l'affirmation de G. Brandes [4] que la

---

tement adaptés; la pensée de Goethe, précisée, perd, du coup, en attrait mystique et en „puissance d'évocation des symboles" (cf. *ibid.*, p. 235).

[1] M. Audiat lui trouve un „ton de connaisseur" dans les notes du *Second Faust ;* il convient à admettre que Nerval a eu, „sinon une science profonde, du moins la curiosité de s'en acquérir". Ouvr. cité, p. 48.

[2] Gérard de Nerval, Préface de *Faust,* 1828.

[3] *L'Artiste* du 21 sept. 1856; article cité par F. Baldensperger, *Goethe en France*, p. 131.

[4] G. Brandes, *Die romantische Schule in Frankreich,* 1889.

France aurait été „le seul pays d'Europe à ne rien comprendre à **Faust**", et que la puissante figure du héros serait „entièrement incomprise des Français", il faut retenir le cas de Gérard et celui des quelques introducteurs de germanisme en France, qui semblent pourtant avoir répondu à l'esprit du romantisme français de 1830 [1].

La forte empreinte que **Faust** laisse sur le traducteur et sur les romantiques se retrouve dans „ce désir de se transporter, par le rêve, par la connaissance, par l'amour ou l'action, au-delà des bornes quotidiennes, l'impatience à subir les limitations de la destinée, et, puisque l'idée de l'Infini hante le coeur des hommes, l'ambition de la réaliser dans une vie surhumaine ou dans une pensée qui s'égale à l'univers" [2].

„Qui de nous va devenir un Dieu?" se demandait-on. „Grandiose ou néfaste, ce titanisme dans la pensée ou l'action a souvent clamé dans la littérature romantique, son souhait d'absolu ou d'immortalité" [3].

Ce n'est qu'un aspect du „désir de permanence" romantique, de ce messianisme, hautain chez les autres, sentimental et poétique chez Gérard.

Si la poésie sépulcrale de l'„École des cimetières" anglaise du XVIII-e siècle n'eut qu'un faible écho dans les poésies peu goûtées de Fleury, Sébastien Mercier, Legouvé et Delille [4], vers 1830 la littérature française se vit envahir par une foule de légendes touchantes ou lugubres, se déroulant dans un cadre d'irréel d'outre-Rhin.

---

[1] Cf. F. Baldensperger, *Goethe en France*, Paris, Hachette, 1904, p. 122, cité plus haut.

[2] *Ibid.*, p. 145.

[3] *Ibid.*, pp. 145, 146.

[4] F. Baldensperger, *Études d'histoire littéraire, 1-ère série, Young et ses „Nuits" en France*, 1907, P. Van Tieghem, ouvr. cité, p. 160 et suiv.

Tandis que pour la plupart de ses contemporains le goût du merveilleux n'est qu'un engouement, Gérard devine le sens profond des anciennes légendes [1]. Ses préférences allemandes relèvent en partie de son goût pour le folklore: de là le choix qui se porte sur les ballades. Mais le primitif qui est en lui ne l'empêche pas d'avoir l'intuition directe des idées très avancées, en quoi il est redevable au mysticisme réformateur de **Herder** [2]. Très apparenté avec la génération mystico-idéaliste allemande, grand rêveur, roulant des desseins qu'il est incapable de mettre en pratique,—notre poète s'est imprégné du mysticisme rendant impropre à l'action.

Ainsi **Faust**, après **Obermann** [3] achève d'orienter Nerval vers le romantisme et imprime une nouvelle direction à sa pensée. Mais, pour l'idée dont nous suivons le développement chez Gérard, c'est surtout le **Second Faust** qui lui servit de guide et de bréviaire.

Dans son goût pour le surnaturel, le poète se retrouve également dans les **Contes d'Hoffmann**, qu'il a lus de très bonne heure [4], et où il a puisé de nombreux détails pour ses récits [5]. Depuis assez longtemps déjà, les ro-

---

[1] Julia Cartier, ouvr. cité, ch. I.

[2] A. Marie, ouvr. cité, p. 32.

[3] M. A. Marie, (ouvr. cité, pp. 31-32) estime que l'oeuvre de Senancour serait pour beaucoup dans la formation de Gérard. Même si notre poète a emprunté à *Obermann* une certaine tournure d'esprit métaphysique, il se garde bien pourtant de pousser l'esprit d'analyse jusqu'à la philosophie négative et dissolvante de son devancier.

[4] P. Audiat, ouvr. cité, p. 50 ; H. Breuillac, *Hoffmann en France*, *Revue d'hist. litt. de la France*, 1906, 1907 ; J. La[illegible]et, *Hoffmann en France*, *Revue rhénane*, 1922.

[5] Pour les sources hoffmannesques de Gérard, voir également P. Audiat, ouvr. cité, pp. 50, 51.

mantiques se retrempaient dans le fantastique, désabusés de la vie réelle [1].

L'auteur d'**Aurélia** s'inspire du conteur allemand pour ses oeuvres originales, avant d'en publier des traductions.

Les deux contes qu'il publie au **Mercure: Le Barbier de Goettingue** et surtout **La Métempsychose** [2], sont édifiants. Il y a là un fantastique symbolique et plus profond que celui d'Hoffmann. L'idée de la migration des âmes, chère à Pythagore, forme l'axe principal du second récit. C'est, en somme, la conversion du poète à cette doctrine, jugée d'abord „monstrueuse", mais à laquelle il finit par attribuer „quelque chose de vrai". Il va même plus loin que „le Sage de Samos"; admettant la migration des âmes du vivant même des corps et jusqu'à la ressemblance extérieure des figures. Pour expliquer ce phénomène, il fait appel à la cabale, à la magie, à la chiromancie et à une „multitude d'autres souvenirs mystiques".

Cette doctrine lui fera découvrir au cours de sa vie la même femme-type sous des noms différents::

La Treizième revient; c'est encore la première...
Et c'est toujours la seule [3].

Devant la menace de la mort prochaine, „un instinct religieux de l'immortalité" soutient son âme dans „cette cruelle épreuve". Et, dans la **Conclusion** de la **Métempsychose**, après une peinture suggestive des affres de la mort [4], il se résigne: „il faut périr sans ressource. Bientôt le ver se repaîtra de mes restes; je ne verrai, je n'entendrai plus rien, jusqu'à ce que la

---

[1] J. Retinger, *Le Conte fantastique dans le romantisme français*, Paris, Payot, 1912.

[2] *Mercure du XIX-e siècle*, 1830, I, H.

[3] Gérard de Nerval, *Les Chimères, Artémis.*

[4] Comme Montaigne, il ne craint pas la mort, mais le „mourir".

trompette dernière vienne interrompre ce long sommeil et m'arracher aux portes du tombeau" [1].

Échappé à la mort, il se déclare „un des plus zélés partisans de Pythagore" et signe: „un pythagoricien moderne".

On s'abuserait singulièrement, à notre avis, en attribuant à ces contes, nourris d'information livresque, une large portée philosophique. Naturellement enclin au spiritualisme platonicien, comme Lamartine, par le commerce des théories pythagoriciennes, qui répondaient si bien à son rêve de permanence, il ne faisait qu'entretenir la pensée rassurante de l'immortalité. Les doutes de Senancour à l'égard de la survie, de celui avec lequel, d'ailleurs, Gérard a de commun le goût de la rêverie solitaire et l'humeur métaphysique, n'ont pas atteint sa foi; c'était un catholicisme bien singulier, tout pétri de panthéisme spiritualiste et plutôt païen.

Dans les „**Aventures de la nuit de la Saint Sylvestre**" [2] d'Hoffmann, dont Gérard traduit les chapitres I et III, M. Audiat remarque une scène qui annonce **Aurélia** [3]. Le poète croit avoir retrouve le bonheur avec sa bien-aimée. Mais ce doux rêve s'évanouit à l'apparition du mari de l'amante. Et le héros se lamente, comme plus tard Nerval, après la perte d'**Aurélia**: „Perdue à jamais!" [4].

Ce thème orphique, lieu commun mystique, revien-

---

[1] *La Métempsychose, Conclusion, Le Mercure du 19-e siècle*, 1830, II.

[2] Dans *le Mercure du XIX-e siècle*, 1831.

[3] P. Audiat, ouvr. cité, pp. 50, 51. A la fin du *Point d'orgue* Hoffmann conseille le culte distant de la femme, être idéal, qu'il ne faut pas approcher. Le platonisme amoureux de Nerval ne pouvait guère trouver de formule plus heureuse.

[4] *Aurélia*, 2-ème partie, I.

dra maintes fois sous la plume de Gérard, sans jamais cesser d'être poignant.

Ainsi le fantastique d'Hoffmann prend chez le poète français un cachet personnel d'émotion intense et directe. On ne pourrait prétendre que l'esprit hoffmannesque, mélange de fantastique et de symbole, de rêve et de réalité, n'a été pour rien dans la hantise de Gérard. Le conteur allemand lui révélait déjà des coins du problème angoissant de la personnalité humaine, de son manque d'unité et de ses dissociations. La mort y apparaît non pas comme la catastrophe finale, mais comme une porte ouverte sur d'autres mondes, comme une initiation à une autre vie.

b) *L'initiation illuministe.*

Il y aurait intérêt à suivre de près chez Gérard de Nerval la marche du mal envahissant, alimenté de lectures qui rendent ses croyances plus enracinées. Faute de documents, de pareilles recherches sont condamnées à rester dans le domaine des conjectures. Le dépouillement de ses écrits aboutit à un résultat assez peu important. Et, alors, on est obligé de s'en tenir aux vraisemblances psychologiques, pour faire revivre, autant que possible, la gradation dramatique de sa vie.

Aussi, les biographes ne sont-ils point d'accord sur la date où il prend goût à ces études, ou, plutôt, à quelle époque ces lectures lui aident à trouver une réponse à son inquiétude métaphysique.

Il paraît probable que les auteurs allemands aient poussé Gérard vers l'occultisme, comme le pense M. Audiat[1]. C'est sous leur influence, du moins, qu'il élar-

---

[1] „La lecture de Goethe et d'Hoffmann le lança probablement dans toutes les directions, puis ce fut au hasard des circonstances, selon la chronique, le roman ou le drame en cours, qu'il approfondit, un peu, des connaissances qui demeurèrent d'ailleurs su-

git le cercle de ses lectures, au point de s'intéresser vivement à certaines doctrines en vogue vers la fin du XVIII-e siècle, et que l'atmosphère encore trouble du lendemain décevant des révolutions ne faisait qu' encourager.

Ses dispositions psycho-physiologiques lui font préférer la vie intérieure et chercher ce qui se cache sous les réalités apparentes. Le monde extérieur existe pour lui moins que le monde intérieur. Ce goût d'irréel et de supraterrestre explique sa prédilection pour les idées mystiques, dont on pourrait dire qu'il eut l'intuition, avant de les connaître dans des livres. Le mysticisme se présente chez lui sous une triple forme: psychologique, religieux et, en partie, philosophique.

Tout témoigne, dans ses préoccupations, d'une forme curieuse de l'éternel besoin religieux. Les „grands initiés" du monde antique, comme Pythagore et surtout Apulée, l'„ancêtre spirituel" de Gérard, les illuminés du XVIII-e siècle, maîtres de cette science obscure, Cagliostro, le comte de St. Germain, Mesmer, Swedenborg, lui passent l'idée d'une communion avec le monde invisible et celle de la migration des âmes,

Il cherche dans les expériences de magnétisme, devenues à la mode vers 1830[1], une solution au problème de l'âme[2] et à celui de la double personnalité. La biographie qu'il donnera plus tard de Raoul de Spifame[3], sera une illustration romancée de ces théories,

---

perficielles" (ouvr. cité, p. 52). Sur l'opportunisme" de Gérard nous formulons des réserves. Cf. plus haut, chap. *Les Auteurs allemands*, et plus bas.

[1] P. Audiat, ouvr. cité, p. 52 et suiv.

[2] „Analyser la bigarrure de l'âme humaine, c'est de la physiologie morale", dit Gérard (*Les Illuminés, La bibliothèque de mon oncle*, Paris, M. Lévy, 1869).

[3] *Biographie singulière de Raoul de Spifame, La Presse*, 17, 18 sept. 1839, réimprimée dans *Les Illuminés : Le Roi de Bicêtre, XVI-e siècle, Raoul Spifame*.

auxquelles il paraît enclin à accorder un large crédit. Et s'il se complaît tant à raconter la vie de ces illuminés, c'est qu'ils traduisent si bien sa propre pensée sur les problèmes qui lui tiennent à coeur.

Cette existence de Spifame, nourrie d'illusions dorées", remplie de „rêves extrordinaires qu'il prenait pourtant pour des réalités", ressemble singulièrement à la vie de Nerval, qui, lui aussi, transformait tout en rêve, par l'illusion. Cet homme, „fou par un seul endroit et fort sensé au reste de sa logique", ce conscient qui changeait d'individualité à tour de rôle, accablé après chaque crise sous une „humeur mélancolique et rêveuse", c'est Gérard lui-même. Et enfin la folie de Spifame, „espèce de bon sens et de logique" [1], annonce les troubles dont souffrira notre poète, tour à tour exalté et raisonnable, incohérent et plein d'esprit critique.

Ce sont ces mêmes **Illuminés** qui l'entraînent dans des lectures ésoteriques, dans l'étude de l'histoire des religions orientales et des sociétés secrètes; enfin, c'est toujours leur commerce qui inculque à Gérard l'occultisme.

Il n'est pas exclu qu'il ait été franc-maçon, comme il l'affirme [2]. Le fait est qu'il a connu les rites des sociétés secrètes allemandes [3], assez ressemblants à ceux de la maçonnerie, et qu'il en a tiré des motifs littéraires, plutôt morbides [4]. La maçonnerie, elle aussi,

---

[1] Tous ces termes sont empruntés au texte de Gérard de Nerval: *Les Illuminés, Le Roi de Bicêtre, R. Spifame.*

[2] *Voyage en Orient*, Paris, M. Lévy, 1870, II, p. 143, et *Correspondance de Gérard de Nerval*, publ. par J. Marsan, Merc. de France, 1912, p. 251.

[3] Dans *Léo Burkart* il donne des détails sur l'organisation de la Loge maçonnique de Bavière, acte IV, sc. IV.

[4] Le mythe d'Adoniram, dans *L'Histoire de la Reine du Matin et du Roi Soliman (Voyage en Orient*, t. II).

dirige l'attention de Gérard dû côté de l'Orient, berceau de toutes les religions fermées. Lorsque, afin d'obtenir la main de Saléma, il se présente au scheik druse comme descendant des „Rose-croix", c'est qu'il en connaît l'histoire et les doctrines [1].

Dans le même ordre d'idées, il est amené à interroger les mystères anciens, en quête de vérités religieuses et mystiques, révélatrices sur l'au-delà.

Quant à son information dans l'histoire des religions orientales, il est certain qu'après l'avoir découverte d'abord au hasard de quelques lectures éparses, il s'en occupa d'une façon plus suivie à l'époque de son voyage en Orient (1842-1843 et 1844-1849) [2].

Cela ne veut nullement dire que la curiosité de Nerval n'est pas éveillée pour ces études longtemps avant. Là-dessus, il nous est difficile de partager entièrement l'opinion de M. Audiat [3], pour qui les lectures de Gérard auraient un but simplement pratique, ne visant qu'à satisfaire aux nécessités du métier de journaliste.

Si son information est superficielle, ce n'est pas une raison suffisante de dire qu'il aurait acquis ses connaissances uniquement en vue de les utiliser dans ses articles et dans ses notes de voyage. La vérité est que, dilettante incorrigible, il se dispersait trop et, dépourvu d'esprit de suite, il ne mettait jamais d'ordre dans son

[1] Si la légende du meurtre d'Adoniram est une réminiscence livresque (M. Audiat l'a trouvée dans *Le Livre d'Hénoch* (cf. ouvr. cité, p. 56), Nerval l'a rendue sienne par l'agencement et les nombreuses transpositions littéraires introduites dans *L'Histoire de la Reine du Matin et du Roi Soliman*. Adoniram devient, sous sa plume, un héros romantique et byronien, dans la bouche duquel parle le „caïnisme", comme nous le verrons plus loin (cf. plus bas, *Le Milieu romantique* et *L'Orient)*.

[2] P. Audiat, ouvr. cité, p. 59.

[3] *Ibid*., p. 64.

travail; de plus, les crises, fréquentes, à l'époque de ses meilleures oeuvres, entre 1850-1855, l'empêchent de se concentrer.

Nous avons l'impression nette que cette enquête sur les manifestations de l'esprit religieux, en général, était devenue, à la longue, une véritable hantise et sa maladie ne fit que l'accentuer. Voilà pourquoi nous inclinons à croire que Gérard de Nerval avait le goût de ces spéculations de l'esprit: il lisait pour satisfaire ses curiosités.

Sa vie elle-même est une illustration de ses prédilections mystiques: ses amours platoniques, sa vie nourrie d'illusions et de rêveries, son détachement de tout ce qui est terrestre et „ce souci constant d'ennoblir la réalité"[1] le prouvent suffisamment.

Nombreuses sont les circonstances qui rendent l'Orient familier à Gérard. Son père lui en parle et essaie de lui enseigner l'arabe et le persan[2]. Les **Contes des Mille et une Nuits** avaient déjà apporté en France l'atmosphère du merveilleux oriental. L'Orient entrait dans les goûts de couleur locale des romantiques. Mais, tandis que les peintres et de nombreux poètes y trouvent un abondant matériel de paysages et de décors, Gérard, plutôt méditatif et intérieur, va interroger le passé mystique: les civilisations et les religions disparues lui parlent ce langage d'initié, qu'il est seul à comprendre.

Volney[3], Dupuis[4] et Lamartine[5] l'entretiennent de

---

[1] Henri de Régnier, *Portraits et souvenirs, Figures romantiques*, Paris, 1913, p. 38.

[2] Gèrard de Nerval, *Promenades et souvenirs*, V, *Premières années.*

[3] Volney, *Les Ruines ou Méditations sur les révolutions des empires*, 1791 et *Voyage en Égypte et en Syrie*, Paris, 1787.

[4] Dupuis, *Origine de tous les cultes ou la religion universelle*, 1795.

[5] Lamartine, *Voyage en Orient (Souvenirs, impressions, pensées et paysages)*, Bruxelles, 4 vol., 1836.

leurs suggestions et de la philosophie amère qui se dégage de la contemplation des cendres du passé. Les auteurs allemands [1], Niebuhr, Goethe[2], avec son Divan oriental, Rückert, Platen[3], Schlegel[4], contribuent à lui rendre accessible l'esprit de l'Orient. D'autre part, on ne saurait concevoir l'Orient de Gérard de Nerval sans la forte impulsion que lui impriment Apulée, Quintus Aucler et tous les Illuminés en général. C'est l'occultisme qui porte son esprit vers le berceau des idées mystiques[5]; l'atmosphère orientale le ramène, à son tour, en plein occultisme. Les Illuminés, dont il embrasse les idées rassurantes sur la permanence du moi, le mettent hors de ce monde, où il se croit exilé et ce n'est qu'en Orient qu'il va se retrouver lui-même.

D'ailleurs chez Gérard l'occultisme et l'histoire des religions vont de pair; l'esotérisme prend à ses yeux les aspects d'une „terre promise", où il allait retrouver le „paradis perdu".

---

[1] John Alfred, *Gérard de Nervals Beziehungen zum Orient*, Greifswald, 1912.

[2] Sur Goethe, initiateur de Gèrard pour l'Orient, voir L. Betz, *Gérard de Nerval*, Frankfurt, 1902, p. 114.

[3] Nous n'avons pas l'impression que Nerval ait rien gardé de la lecture de la „*Weisheit der Brahmanen*", de Platen. La pensée hindoue semble lui avoir échappé.

[4] Cf. Th. Gautier, Préface de *Oeuvres complètes* de Gérard, Paris, Lévy, 1867-1877: „...une imagination que l'érudition sanscrite de Schlegel, le *Divan Oriental-occidental* de Goethe, les *Ghazels* de Rückert et de Platen avaient préparé à ses magies poétiques..."

[5] M. Audiat soutient que c'est l'Orient qui ramène Gérard à l'occultisme, entrevu d'abord à travers les auteurs allemands (ouvr. cité, p. 62).

Il nous paraît plus naturel que l'occultisme ait servi de point de départ à cette enquête sur les religions: Nerval entendait vérifier historiquement les vérités qui font la base des grands mythes: l'immortalité, la migration et la réincarnation des âmes.

Il convient de citer les quelques livres qui ont entretenu en même temps son appétit de surnaturel et sa curiosité dans l'ordre divin. Apulée d'abord, que l'on est d'accord à placer en première ligne parmi ses initiateurs au monde des mystères. Gérard a dû lire les Métamorphoses et en particulier le livre XI, où sont décrites les cérémonies de l'initiation au culte d'Isis [1]. Il s'attache, dès sa jeunesse, à l'idée des existences succesives et il se croit appelé à refaire la vie d'Apulée, son „moi ancestral". Le livre d'Apulée illustre l'idée que se faisaient les Anciens de l'initiation aux mystères: c'était comme la délivrance d'un état de mort et de brutalité, le passage vers une vie nouvelle.

Comme la métempsychose est la doctrine fondamentale des mystères, **l'Ane d'or** retrace les phases d'une crise morale et l'ascension d'une âme déchue vers le salut, au sein de l'initiation. L'autobiographie d'Apulée, du moins par son côté mystique, fait penser à la vie dramatique et poignante de Gérard. Une existence toute de plaisir finit par soulever dans son coeur la révolte contre soi-même. Dans un retour douloureux sur le passé, il fait un appel désespéré à sa première existence. Les cieux ne tardent pas à lui montrer, dans le rêve, la voie des initiations. En guise d'expiation il entreprend alors ce „pèlerinage mystagogique", que l'auteur du **Voyage en Orient** devait reprendre à son tour, avec les mêmes étapes presque.

C'est toujours par l'intermédiaire d'Apulée qu'il a pu se pénétrer des idées pytagoriciennes et néoplatoni-

[1] Luce Apulée, *L'Âne d'or ou Métamorphoses,* trad. Maury, publ. par Bastien, Paris, Didier, 1834, 2 vol. Gérard reprendra les cérémonies d'initiation dans son *Voyage en Orient, Les Pyramides,* vol. I.

ciennes concernant la métempsychose et la réincarnation des âmes[1].

La Bibliothèque Orientale d'Herbelot, de même que la Symbolique de Creuzer, lui donnent le goût de penser en images[2], écho de l'allégorisme de l'écrivain allemand.

Les indications données par le poète sur ses lectures d'occultisme dépassent la réalité. Quant à leur qualité surtout, on est en droit de formuler des doutes[3]. Il n'est nullement dans notre intention de réhabiliter à tout prix Gérard de Nerval, revendiquant pour lui des connaissances érudites ou mises au point. Cependant, il nous paraît probable que, dans une atmosphère imprégnée de mysticisme et avide de mystère, comme celle des environs de 1830[4], ce poète, „rêveur éveillé", ait, comme le plus indiqué, poussé plus loin encore que ses contemporains les recherches dans ce domaine.

---

[1] Comme Gèrard avait lu *Obermann* et qu'il lui attribue une large part à son orientation de jeunesse, il est probable que les réflexions du héros romantique sur Pythagore et sur l'Orient aient servi au poète. Cf. *Obermann*, éd. crit. Michaut, 1912, II, p. 12 et suiv.

[2] *Le Dictionnaire infernal* de Collin de Plancy, 4 vol. Paris, 1825-1826, lui a pu fournir le merveilleux des superstitions, la pratique de la magie, qui tiennent une si large place dans son oeuvre.

[3] M. Audiat se croit justifié (ouvr. cité, pp. 62-71) d'effectuer un triage rigoureux dans les listes des lectures de Gérard et de les réduire considérablement. Sur ce point, ainsi que sur celui de la confusion qui règne dans les connaissances du poète, dans ce domaine, nous sommes d'accord avec M. Audiat.

[4] Balzac s'inspire de Swedenborg et donne *Séraphita*. Le marquis de Custine fait part à Des Granges de la forte attraction exercée par les idées de Saint Martin auprès de la génération de 1830 (cf. *Lettres du marquis de Custine à Des Granges*, publiées par A. de Luppé, *Bibliothèque Romantique* —, Presses françaises, 1924).

La confusion des idées qui s'embrouillent dans son esprit est le résultat des lectures très abondantes d'un dévoreur de livres, à qui manquent le discernement et l'esprit critique.

Swedenborg lui enseigne par ses **Mémorables** le sens symbolique de la Création[1], l'allégorisme des livres sacrés, où l'école néoplatonicienne croyait discerner l'histoire de l'âme, à travers ses déchéances jusqu'au salut recouvré au sein de Dieu[2]. C'est probablement toujours lui qui l'initie à l'illumination intérieure, fruit de la contemplation et de l'extase et premier pas dans cette voie, où le moi spiritualisé se pénètre du Divin et arrive à son intuition, par une sorte de renoncement total à la vie terrestre.

Restif de la Bretonne, dont la vie rappelle parfois celle du bon Nerval[3], lui suggère la théorie des ressemblances des figures, correspondant à la transfusion d'une même âme dans des corps différents, au cours d'existences successives.

Cette idée a dû être renforcée par **Le Songe de Polyphile de Francesco Colonna**[4], auquel il emprunte le ré-

---

[1] Le commerce de la pensée néoplatonicienne lui révèle le *Commentaire du Livre de la Genèse* de Philon le Juif.

[2] Cf. Philon d'Alexandrie (le Juif), *Commentaire allégorique des saintes lois*, trad. Bréhier, Paris, 1909. Voir également E. Bréhier, *Les idées religieuses et philosophiques de Philon d'Alexandrie*, Paris, 1908.

[3] Gérard de Nerval, *Les Illuminés, Monsieur Nicolas, Confidences de Nicolas, XVIII-e siècle*, Paris, Lévy, 1867. L'auteur ne fera que raconter ses propres inquiétudes et ses misères morales dans cette curieuse fresque des *Illuminés*. C'est, pour lui, un moyen déguisé de se confesser.

[4] Fr. Colonna, *Le Songe de Polpyhile*, trad. Legrand, 2 vol. Paris, 1804. M. Audiat croit que Gèrard ne l'a lu qu'à peine vers 1844, pour s'en servir à la rédaction de son *Voyage à Cythère*, „non point par curiosité de dilettante, mais par habitude de chroniqueur" (ouvr. cité, p. 64), Si les nombreux détails cités dans la

cit des amours sous forme de rêves[1]. C'est toujours dans ce livre que le poète, déjà meurtri par la passion et cherchant un dénouement heureux dans la mort libératrice des entraves terrestres, finit par découvrir cet amour divin. „L'amour et la mort", thème lyrique qui tenta les grands lyriques, fera le fond permanent de la psychologie amoureuse de Gérard et le „leitmotiv" de ses récits.

Le Comte Gabalis de l'abbé de Villars, bréviaire de l'occultisme du XVIII-e siècle, lui fait „renouer connaissance avec le monde invisible des esprits" [2].

Tels sont les documents livresques destinés à suppléer au manque d'imagination inventive de Nerval. Son oeuvre sera remplie de ces souvenirs brodés sur le canevas de sa proprie vie. Magnétisme, mysticisme, occultisme, théosophie, tout contribue à faire pousser dans son âme exaltée la fleur mystique, dont le parfum enivrant finira par le troubler à jamais.

3. Psycho-physiologie de Gérard de Nerval.

Une personnalité forte et originale comme Gérard doit être étudiée et jugée plutôt dans ses cadres intérieurs. C'est le procès indépendant de son „moi" qu'il convient de suivre dans ses étapes. Voilà pourquoi il

---

chronique de Gèrard sont des arguments à l'appui de cette thèse, M. Audiat n'explique pas le caractère mystique des amours réelles du poète d'avant 1844 (et non seulement dans le récit qu'il en donne dans *Sylvie* en 1853). Sa psychologie amoureuse porte les traces du mysticisme amoureux des néoplatoniciens de Florence.

[1] P. Audiat, ouvr. cité, p. 65.

[2] *Ibid.*, p. 66.

Les lettres cabalistiques du marquis d'Argens, *le Dictionnaire mytho-hermétique* de dom Pernetty, *Le Diable amoureux* de Cazotte, *La Thréicie* de Quintus Aucler figurent encore parmi les ouvrages que M. Audiat convient à admettre parmi les sources directes de Gérard.

nous paraît intéressant d'esquisser les traits essentiels de sa psycho-physiologie, en tant qu'ils contribuent à l'explication des caractères morbides de son oeuvre.

Le cas de Gérard a tenté de nombreux médecins et, de nos jours, il n'est pas d'essai sur les maladies des artistes où ne figure sa folie mystique [1].

M. A. Marie lui trouve une ascendance saine [2], mais il fait la part qu'il convient à l'atmosphère trouble dans laquelle se développe cet, „enfant du siècle",—comme il aime s'appeler lui-même.

Dans quelles dispositions psycho-physiologiques le trouve-t-on aux environs de 1830, au moment où il en vient aux prises avec la vie, dure épreuve pour un contemplatif, incapable de réagir, comme lui?

Sensible et exalté dans ses impressions, mais se gardant bien de tout exprimer, s'il fait quelques concessions aux truculences de la bohème romantique [3], il n'en reste pas moins sobre et discret. Sa timidité, se doublant d'un orgueil délicat, lui donne l'horreur de se dévoiler. Si, pourtant, faute d'imagination inventive, il se raconte très souvent dans ses oeuvres, sous combien de noms différents et avec quels déguisements ne le fait-il?

---

[1] Il est évident qu'on ne saurait l'étudier comme un aliéné quelconque, sans embrasser tout le complexe qui entoure son existence. M-me Barine *(Névrosés*, Paris, 1899, *Gèrard de Nerval)* est la première à faire une étude pareille. Le dr. Barbier dans sa thèse citée explique tout par l'hérédité pathologique et l'alcoolisme. Gauthier Ferrières (ouvr. cité), et A. Marie ont montré le néant de cette affirmation. Les drs. Antheaume et Dromard *(Poésie et folie*, Paris, Doin, 1908) lui consacrent dix-huit pages (pp. 410-428) et les drs. Rémond et Voivenel *(Le Génie littéraire*, Paris, Alcan, 1912), s'occupent de lui dans le chapitre sur les folies.

[2] A. Marie, ouvr. cité, *Les Origines; Semences mystiques, passion.*

[3] Gérard de Nerval, *La Bohême galante*, *Petits châteaux de Bohême*, t. V des *Oeuvres complètes*, Paris, Lévy, 1868.

Les deux aspects de sa personnalité se dessinent déjà. La vie creusera toujours plus profond l'abîme qui les sépare, et ce sera là le grand drame livré dans l'âme de Gérard: l'effort vain fait sur lui-même, destiné à assurer, coûte que coûte, l'unité du „moi" et à voiler son „double mystique", sous les apparences saines du „moi" resté parmi les mortels.

„Tête de philosophe et coeur de poète", il pense beaucoup plus qu'il ne réalise. De là tout ce monde de désirs refoulés et livrés à la réalisation immédiate et sûre dans des rêves [1], des délires ou des contes agencés.

„Le rêve est une seconde vie", dit Gérard [2], et c'est le sommeil et le rêve à l'état de veille qui lui offrent un refuge contre la vie. Le rêve et l'illusion se substituent à la réalité. Alfred de Vigny devait trouver une formule prenante pour cette disposition d'âme: „Parfaite illusion — réalité parfaite" [3].

---

[1] Il y aurait une étude intéressante à faire sur l'oeuvre de Gérard vue à travers les méthodes *psycho-analytiques*. En effet, la part de „refoulement" est si grande chez lui, que, naturellement, il se crée une seconde existence, artificielle celle-là, où il réalise tout ce que la réalité lui refuse. Et les rêves, qui tiennent une si large place dans l'oeuvre de Gérard, comme dans le *Songe de Poliphile* de Fr. Colonna, pourraient bien servir de documents pour la carte de ses états de sensibilité. Toute la partie de son oeuvre dictée par le „second moi", échappée en quelque sorte au contrôle *de la censure*, relèverait du *symbolisme érotique*. Ainsi *les Chimères*, les rêves d'*Aurélia*, ceux de *l'Histoire de Hakim (Voyage en Orient*, I), et ceux de *l'Histoire de la Reine du matin et du roi Soliman (Voyage en Orient*, II) feraient autant de pièces documentaires pour la *psychanalyse*. D'ailleurs, nous en reparlerons (cf. plus bas, *La folie)*.

[2] *Aurélia*, 1-ère partie, ch. I.

[3] A. de Vigny, *Journal d'un poète*, Larousse, 1919. — Des héros de Gérard, comme Franz Lewald dans *Léo Burkart*, d'idéologie riche, mais dépourvus de seus pratique, sont autobiographiques.

Clarté et logique françaises, amour profond de la vie et une cetaine volupté à goûter la vie réelle et l’amour, — voilà un aspect de son esprit. L’autre s’adonne volontiers au vague germanique, penche vers le mysticisme, donne un sens symbolique aux choses et marque un appétit maladif de l’au-delà. Sa nature spiritualiste le prédispose à l’illuminisme et à l’exaltation mystique.

Une pareille dualité psychologique ne pouvait durer sans de forts inconvénients. La vie de fiction et de rêve ne tarde pas à l’emporter et il n’est pas étonnant que Gérard sombre dans un „amour de rêve et de folie’’.

4. Le milieu romantique.

O se plaît à présenter de Nerval comme en dehors presque du romantisme de 1830. En effet, il différait notablement de ses compagnons de cénacle. Sa discrétion et son goût de la mesure s’accomodaient, au fond, assez mal avec la bohème. Cependant, cette époque trouble lui laisse des empreintes décisives.

Il se donne lui-même pour un „enfant du siècle’’: „Suis-je bien le fils d’un pays grave, d’un siècle en habit noir et qui semble porter le deuil de ceux qui l’ont précédé?’’[1]. Et ailleurs: „Ne suis-je pas toujours, hélas!, le fils d’un siècle deshérité, qui a besoin d’illusions, qui a besoin de toucher pour croire et rêver du passé... sur ses débris?’’[2]. Cette dernière idée que le passé

Pour le spiritualisme de Gérard, voir Paul de St. Victor, *Notice sur Gérard de Nerval.*

„Son esprit ailé entraînait son corps, qui semblait raser la terre“... ou bien Gauthier-Ferrières, *Gérard de Nerval,* Paris, Lemerre, 1906, p. 90: „L’heure ni le réel n’existaient pas pour lui; il marchait, enchanté dans un rêve, dont il suivait la lumière intérieure....“.

[1] *Voyage en Orient,* I, Paris, Lévy, 1867, p. 277.

[2] *Ibid.,* I, *Souvenir de l’Archipel.*

vit autour de nous et en nous, obsédant, inséparable, fera un de ses thèmes favoris: „Il ne m'a pas suffi, dit-il, de mettre au tombeau mes amours de chair et de cendres pour bien m'assurer que c'est nous, vivants, qui marchons dans un monde de fantômes" [1].

Malgré sa nature sociable, il sera gagné à la „solitude morale", propre à cette première moitié du siècle[2], et le thème si romantique du génie voué à l'isolement et à la haine des foules reviendra sous sa plume dans cette merveilleuse **„Histoire de la Reine du Matin et du Roi Soliman"** [3]. Adoniram, artiste d'intuition et de génie, se confesse: „Dans les déserts la pensée s'élève..., mon premier maître fut la solitude..., j'ai tourné les regards sur les souvenirs du passé, j'ai fui la société des humains..., je me sentais seul"[4].

Suit la condamnation que Dieu lance contre la race née de Caïn, le grand révolté romantique: „Tes descendants naîtront faibles; leur vie sera courte; l'isolement sera leur partage..., leur grandeur fera leur supplice..., leurs tombes seules seront honorées..."[5]. N'est-ce pas là un des thèmes favoris du messianisme romantique, le thème de **Moïse?** Et, si le mythe d'Adoniram est emprunté au **Livre d'Hénoch** [6], quelle allure romantique ne prend-il pas à travers l'esprit de Gérard! Il n'est pas jusqu'au stoïcisme, défiant le destin aveugle, qui ne complète le portrait moral du héros romantique et byronien même, par moment. Bien que d'une tonalité générale différente de la

---

[1] *Ibid.*

[2] R. Canat, *La solitude morale chez les romantiques et chez les parnassiens*, Paris, Hachette, 1904.

[3] *Voyage en Orient*, II, pp. 141-165.

[4] *Ibid.*, pp. 142, 143.

[5] *Ibid.*

[6] P. Audiat, ouvr. cité, p. 58.

sienne, Gérard a dû, pourtant, trouver cet esprit byronien très littéraire et de grand effet, surtout dans le cadre féérique oriental et dans un passé peuplé de personnages bibliques[1].

En lisant Byron, „Gérard avait senti jaillir en lui" „la source des pleurs"[2]. Les pensées mélancoliques que suscite la fuite du temps, „irremeabilis unda", ont entretenu en lui un vif sentiment du passé et le culte des choses mortes.

Sur une **pensée** de Byron, il compose toute une élégie, écho douloureux de sa souffrance intime:

„L'homme a le pied dans la tombe,
Quand l'espoir ne le soutient plus—
Dans le chagrin qui me dévore,
Je vois mes beaux jours s'envoler,
—„Brisons la coupe de la vie
Sa liqueur n'est que du poison;...
O gloire! tu n'es qu'un mensonge,
Amour! tu n'es point le bonheur[3]!"

---

1 C'est un point bien curieux dans la psychologie de la création littéraire chez Nerval que ce manque de souffle, cette impuissance à créer de son imagination. Sa vie et ses lectures viennent combler cette lacune. Les types et les récits se trouvent vaguement esquissés dans son esprit; mais il lui faut le détail vécu ou la création livresque pour que son fonds latent prenne une forme et s'incarne dans un moule tout fait. Plus encore, ces créations empruntées ne sont pas toujours dans la tonalité générale générale de son inspiration. Que peut-il y avoir de commun entre le bon Gérard et la psychologie byronienne, dont le „caïnisme" tenta Vigny et Leconte de Lisle?

2 Edmond Estève, *Byron et le romantisme français*, Paris, Hachette, 1907, p. 163.

3 Gérard de Nerval, *Poésies complètes,* Paris, 1877, *Sur une pensée de Byron;* En tête de sa *Bohême galante,* — oeuvre née plus tard (1853) du même retour poignant vers les beaux jours écoulés —, il met ces vers du *Pastor fido* du chevalier Guarini:

Ce „pythagoricien moderne" apporte dans „le cénacle romantique" une orientation spirituelle et comme un souffle mystique", un désir ardent des extases religieuses conduisant à „l'appétit d'irréel et d'extraterrestre"[1].

Il tient des romantiques ce désir inassouvi d'accomplir de grandes actions, mais, ces rêves une fois réalisés, perdent en grandeur et en beauté[2]. A force de cultiver le rêve pour lui-même, pour l'ivresse qu'il donne, on finit par croire à sa réalité: c'est se mettre en dehors de la vie et vivre ses propres fictions.

Son germanisme aussi doit être attribué, en partie, à cette atmosphère fiévreuse de 1830, caractérisée par la tendance à s'affranchir du réel [3] et à chercher le refuge dans le monde de l'imagination.

Gautier [4] parlait de deux exotismes: l'exotisme dans l'espace et, „corruption plus suprême, — l'exotisme à travers les temps". Gérard a pratiqué les deux: le

---

O primavera, gioventù dell' anno,...
Tu torni ben, tu torni,
Ma teco altro non torna
Che del perduto mio caro tesoro,
Che delle mie care e felici gioie,
La rimembranza misera e dolente...

[1] A. Marie, ouvr. cité, pp. 41 et 45. Cf. aussi Th. Gautier, *Histoire du romantisme*, 1884, p. 5: „Quel temps merveilleux!... On s'initiait aux mystères de *Faust*, de Goethe..."

[2] Gérard de Nerval, *Voyage en Orient*, t. I, *Lorely:* „Et voila encore une illusion, encore un rêve, encore une vision lumineuse, qui va disparaître sans retour de ce bel univers magique que nous avait créé la poésie,... Ainsi pour moi déjà bien des contrées du monde se sont réalisées, et le souvenir qu'elles m'ont laissé est loin d'égaler les splendeurs du rêve qu'elles m'ont fait perdre".

[3] L. Maigron, *Le romantisme et les moeurs*, Paris, Champion, 1910.

[4] Dans le Journal des Goncourt, III, 1863, p. 166.

premier lui donne le goût des voyages et le second le porte vers l'Orient.

La nature délicate de Nerval, toute de finesse et de nuance, l'empêche de pousser trop loin cette fuite du réel et d'avoir recours aux „paradis artificiels".

Sa conception de l'amour est empreinte de la même délicatesse, du même spiritualisme nuancé. Sa muse discrète l'éloigne de l'„impérialisme"[1] romantique.

Comme la plupart de ses contemporains, il a subi l'influence de Senancour. L'humeur métaphysique **d'Obermann,** les préoccupations religieuses, les discussions sur l'immortalité, le mystère des esprits, le suicide, les pressentiments et les songes,— problèmes devant lesquels la raison ne sent que plus fortement son impuissance,— ont pu ouvrir à Gérard des voies où son esprit inquiet s'est engagé volontiers[2].

Le type de l'homme supérieur de Senancour, „le rêveur", paraît avoir servi comme modèle à notre poète. Lorsque Obermann dit: „Tout n'est que le rêve d'un rêve, une mystérieuse fantasmagorie;... je voyais des êtres; il n'y a que des ombres",— on dirait la profession de foi de Gérard. D'autre part, Obermann croit à la communication des esprits et des coeurs dans l'amour[3], idée platonicienne si chère à l'auteur d'**Aurélia.**

Il faut rattacher à cette même époque (1830-1840) la formation du panthéisme chez lui; panthéisme inspiré par celui de Herder et des romantiques allemands, théorie vague qui allait bien au dilettantisme de

---

[1] Ern. Seillère, *La Philosophie de l'impérialisme,* IV, *Le mal romantique,* Paris, Plon, 1908.

[2] Senancour, *Obermann,* cité chez R. Canat, ouvr. cité, p. 40. Ces inquiétudes, Gérard les exprimera plus tard dans les sonnets du *Christ aux Oliviers.*

[3] *Ibid.*

Gérard: une sorte d'„universalisme mystique" de l'idée de Dieu, malgré d'un fort penchant vers le paganisme. Car, malgré le vague dont s'enveloppe sa pensée, on y peut quand même faire la distinction entre le panthéisme philosophique, inspirée par Pythagore et vigoureusement exprimé dans les **Vers dorés** de Nerval, et le panthéisme religieux, qui va présider à ses recherches d'histoire religieuse. Remarquons, toutefois, qu'on ne pourrait parler de sa pensée comme d'un système organisé; il s'en faut de beaucoup. C'est ce qui explique la présence dans son esprit, d'idées assez différentes les unes des autres, mises pourtant sur le même plan.

„Tout est sensible"[1]; tout dans la nature représente une parcelle du Divin. Tout est dans Dieu. En dehors de lui, rien n'existe.

Souvent dans l'être obscur habite un Dieu caché;
Et, comme un oeil naissant couvert par ses paupières,
Un pur esprit s'accroît sous l'écorce des pierres"[2]

Il y a identité parfaite de substance entre Dieu et l'Univers, la Nature et l'homme. L'âme, manifestation de la pensée divine, élève l'homme au-dessus de la terre, et c'est par l'élévation de son âme que celui-ci peut aspirer à une vie supérieure, qui le rapproche de Dieu.

Comme Gérard croit à la métempsychose, il juge naturel d'étendre son respect du divin sur tous les êtres animés:

„Respecte dans la bête un esprit agissant" [3],

conseille-t-il.

---

[1] En tête de ses *Vers dorés,* dont le titre même rappelle Pythagore.

[2] *Vers dorés.*

[3] *Ibid.*

Mais son panthéisme spiritualiste ne s'en tient pas là. Avec ses dispositions mystiques, sous l'influence des illuminés et en particulier des néoplatoniciens[1], il arrive à l'idée de créer Dieu par l'intuition du Divin.

5. Les Amours.

Gérard n'aime dans les femmes que des figures idéales, reflets de ses fictions. Sa psychologie amoureuse est en partie celle des romantiques, mais à laquelle se joint une sorte d'exaltation mystique, une foi ardente aux idées platoniciennes et à la transfusion des âmes. Amant passionné et timide, doué d'une puissante mémoire affective, il revit les émotions du passé avec la même intensité que la première fois.

L'amour revêt chez lui un caractère de fatalité; ~~et~~ on ne saurait lui résister. Pour lui, la femme idéale „se réalise": une sorte d'esprit divin vient s'incarner dans une femme terrestre. Alors on oublie tout: rien ne subsiste, en dehors de l'extase amoureuse, qui donne la sensation de l'infini. L'amour réalisé frôle ainsi la mort. Chez Gérard ce sont surtout les déceptions d'amour qui le mènent à l'appétit de la mort.

Le platonisme amoureux du **Songe de Polyphile** trouve en lui un „amant spirituel", ne regardant l'amour que sous son aspect de vague mystère, d'essence supérieure. La belle histoire mystique des amours de Francesco Colonna et de Lucrèce Polia, „apôtres de l'amour pur", „céleste", revient plusieurs fois dans les écrits de Nerval[3]. Il est vraiment obsédé par ces

[1] C'est surtout la pensée de Philon le Juif qui l'a guidé dans cette voie.

[2] Fr. Colonna, liv. cité.

[3] Cf. Voyage en Orient, t. I, *Souvenirs de l'Archipel; Sylvie*, XIII, *Aurélia*.

amants qui, ne pouvant s'appartenir, „se promirent de vivre séparés pendant la vie, pour être unis après la mort" [1], et ils se font religieux. „Ils se saluaient d'un doux et mélancolique regard: „Frère, il faut mourir!" —„Soeur, il faut mourir!", c'est-à-dire, nous n'avons que peu de temps à traîner notre chaîne!... La nuit, s'échappant de notre monde, plein de la loi d'un Dieu sévère, il rejoignait en esprit la douce Polia [2]. Comme dans **Faust** [3], ils franchissaient dans leur double rêve l'immensité de l'espace et du temps [4].

Gérard définit lui-même cette forme de platonisme amoureux, à la Pétrarque [5]. Dans la „tour d'ivoire" où les esprits élus montaient, de son temps, „pour s'isoler de la foule, l'amour apparaissait comme „des formes vagues, des fantômes métaphysiques". Et plus loin: „Vue de près, la femme réelle révoltait notre ingénuité; il fallait qu'elle apparût reine ou Déesse, et surtout n'en pas approcher" [6].

La lecture d'Apulée ne fait qu'accuser cet idéalisme amoureux et lui fait préférer „le culte distant de la femme et la poursuite des amantes spirituelles [7]".

Comme Restif de la Bretonne, il cherche dans l'amour un type prédestiné, fatal [8].

---

1 *Voyage en Orient*, I. *Souvenirs de l'Archipel.*

2 Le rêve „compensateur" chez Gérard, relevant de la psychanalyse, trouve son origine dans *Le Songe de Poliphile.*

3 Le Second Faust, plutôt, où l'espace et le temps sont abolis, permettant ainsi à Faust de revivre à l'époque hellénique.

4 *Voyage en Orient*, I. *Souvenirs de l'Archipel.*

5 *Sylvie*, ch. I.

6 *Ibid*. Ailleurs il dit: „...ma passion s'entoure de beaucoup de poésie et d'originalité, j'arrange ma vie comme un roman". (lettre VII, coll. publiée par Sardou).

7 A. Marie, ouvr. cité, p. 24.

8 *Ibid*. p. 23.

L'idée pythagoricienne de la transmigration des âmes se traduit dans son esprit par la survivance de la beauté visible. Lorsque, en 1840, il traduit le **Second Faust,** c'est pour l'idée de ramener les figures disparues dans des formes sensibles, terrestres.

Dans le même ordre d'idées, il faut citer le souvenir qu'il garde des existences antérieures, thème de sa **Fantaisie.** Une mélodie le fait „rajeunir" de deux cents ans; c'est sous Louis XIII. Une dame paraît à la fenêtre,

Que, dans une autre existence peut-être,
J'ai déjà vue—et dont je me souviens [1].

Les amours de Gérard sont précoces. L'atmosphère de léger sensualisme de son enfance, dans la compagnie de nombreuses petites filles, éveille très tôt sa sensibilité amoureuse. A côté de Sylvie, sa petite amie d'enfance, c'est surtout l'apparition d'Adrienne qui vient le troubler. C'est elle qui lui verse „le philtre" [2], trop fort pour le jeune Gérard. Il lui fallait „une apparition furtive, qu'il ne dût ni revoir, ni oublier et dont le regret ne pût jamais guérir" [3]. Dès qu'il la voit..., „un trouble inconnu s'empare de lui" [4]. „Elle ressemblait à la Béatrix de Dante, qui sourit au poète errant sur la lisière des saintes demeures [5]."

Il rentre à Paris, emportant „cette double image d'une amitié tendre tristement rompue [6],— puis d'un amour impossible et vague, source de pensées douloreuses"[7]. Adrienne lui laisse l'impression d'un rêve

---

[1] *Odelettes rythmiques et lyriques, Fantaisie.*

[2] Gauthier Ferrières, livre cité, p. 25.

[3] A. Marie, liv. cité, p. 72.

[4] *Sylvie,* II, *Adrienne.*

[5] *Ibid.*

[6] L'amitié de Sylvie.

[7] *Sylvie,* II, *Adrienne.*

de la nuit, d'une vision divine et il aura pour elle „le culte spirituel d'une figure entrevue dans une vie antérieure, d'une ressemblance, dont le souvenir le poursuit du fond du passé" [1].

A Paris il croit retrouver Adrienne, devenue religieuse, depuis, sous les traits de la comédienne Jenny Colon. Un amour vague et sans espoir l'attache à elle. „Je me sentais vivre en elle, elle vivait pour moi seul" [2], dit-il. Jenny réincarnait, à ses yeux, la figure à demi-oubliée de la jeune fille, qu'il aime croire morte au couvent. Appliquant la théorie de la transfusion des âmes, il s'imagine avoir déjà vu l'actrice dans une autre existence; „c'est dans ses avatars successifs, la migration du même esprit, l'âme de l'amante idéale prédestinée" [3].

L'angoisse commence: „Aimer une religieuse sous la forme d'une actrice!..... et si c'était la même! Il y a de quoi devenir fou! C'est un entraînement fatal, où l'inconnu vous attire comme le feu follet fuyant sur les joncs d'une eau morte" [4].

La crainte de troubler le miroir magique, qui lui renvoyait son image [5], l'éloigne toujours de sa bien-aimée. Car, „c'est une image qu'il poursuit, et rien de plus" [6]. Son rêve lui est plus cher que la réalisation. Plus tard, dans le récit de la vie de Restif [7], il décrit son propre état d'âme, quand il parle du danger qu'il y a dans un amour sérieux pour une actrice. „La vie

---

[1] A. Marie, livre cité, p. 77.

[2] Sylvie, III, *Résolution.*

[3] A. Marie, liv. cité, p. 79.

[4] *Sylvie,* III, *Résolution.*

[5] *Sylvie,* I, *Nuit perdue.*

[6] *Ibid.*

[7] *Les Illuminés, Les Confidences de Nicolas, R. de la Bretonne.*

s'attache tout entière à une chimère irréalisable, qu'on serait heureux de conserver à l'état de désir et d'aspiration, mais qui s'évanouit dès que l'on veut toucher l'idole".

A cette même époque il entreprend d'écrire un livre sur les amours de Poliphile et de Polia. „Quelque chose dans ce sujet, avoue-t-il, se rapportait à mes préoccupations constantes[1]. Inspiré par cette histoire mystique des amants florentins, qui avaient embrassé la vie monastique pour mieux supporter l'attente de la mort libératrice, il suppose qu'Adrienne serait morte religieuse[2]; l'amour du poète ne pouvait donc plus espérer une réalisation terrestre. Il lui reste les rencontres en songe et surtout l'union mystique des âmes, analogue à celle du **Songe de Polyphile.**

En amour, comme un peu dans toute sa vie, Gérard „quitte la proie pour l'ombre"[3]. Il est dupe de ses propres visions. Déjà une autre figure, disparue celle-là, le hante de son mystère légendaire: la Reine de Saba est un des aspects de l'ombre, dont Jenny est la réincarnation.

Mais, observe très finement M. A. Marie[4], „Gérard ne songe sérieusement à ses amies qu'après les avoir perdues". On discerne une certaine affectation dans sa vie amoureuse. On dirait qu'il cherche le drame, même lorsqu'une solution favorable s'impose comme issue d'une situation.

D'ailleurs, la fortune de ses amours importe bien moins que l'écho qu'elles laissent dans son âme[5]. On

---

[1] *Sylvie*, XIII, *Aurélia*.

[2] *Ibid*, *Dernier feuillet*.

[3] *Petits châteaux de Bohême*.

[4] A. Marie, liv. cité, p. 77.

[5] Chez Gérard l'écho n'est pas nécessairement en rapport avec les faits. Il grossit toujours le côté tragique de ses amours.

entrevoit dans ses récits d'amour une part d'exaltation ou de dépression profonde, qu'il ne partageait autrement à personne: il se sentait, probablement, plus rassuré, dans sa discrétion, devant la feuille blanche.

Petit à petit, toutes ces figures de femmes se confondent dans l'esprit trouble de Nerval; leurs traits s'entremêlent et le poète les embrasse toutes dans cette nostalgie poignante des **Cydalises**:

> Où sont nos amoureuses?
> Elles sont au tombeau!
> Elles sont plus heureuses
> Dans un séjour plus beau.
> L'Eternité profonde
> Souriait dans vos yeux:
> Flambeaux éteints du monde,
> Rallumez-vous aux cieux!"[1].

Ce thème de l'„ubi sunt"?, comme l'appelle M. Et. Gilson, est d'origine religieuse. L'Eglise catholique aime parler de la mort et du néant, perspective de la vie terrestre, pour ramener les égarés dans les voies du salut.

De même que Villon déplorait, dans sa fameuse **Ballade des dames du temps jadis,** la disparition des belles figures des femmes célèbres,— Gérard traduit ici l'émotion personnelle éprouvée devant les tombes fermées sur des amantes. Mais, tandis que le poète du XV-e siècle n'entrevoyait d'autre perspective que le néant, l'auteur de **Cydalises** se laisse bercer par l'espoir d'une survie, „séjour plus beau".

Le meilleur document sur les différents aspects de l'amour de Nerval pour la cantatrice, et surtout sur le vide que lui laisse la rupture, est constitué par les lettres qu'il lui adresse[3]. M. A. Marie, appuyé sur ces

---

[1] *Odelettes rythmiques et lyriques, Les Cydalises.*

[3] Dans *la Sylphide*, 1843, publiées après la mort de Jenny et ajoutées à la fin *d'Aurélia*.

lettres, conclut à un amour „qui a connu brièvement l'ivresse décevante d'une rapide liaison"[1]. „Hélas! que sommes-nous, pauvres créatures?, écrit Gérard à son amante, — „et comment répondre dignement à la puissance de sentir que le Ciel a mise en notre âme? Je ne suis qu'un homme et vous une femme, et l'amour qui est entre nous a quelque chose d'impérissable et de divin"[2].

Longtemps il a caché la profonde blessure que lui cause la séparation de Jenny (1837). Il fuyait les siens et se fuyait lui-même, en voyageant. Jusqu'à la crise morbide de 1841, il garde un silence presque complet sur sa vie sentimentale[3].

Mais en 1843, à la nouvelle de la mort de Jenny, il rompt le silence: „ce secret le brûle"[4]; la publication des lettres adressées à Jenny va le soulager.

Il dramatise la situation, opposant à la réalisation du bonheur rêvé une rupture, qui appelle auprès de lui le spectre de la mort[5]. Et qui songera à lui en faire un reproche? Cette séparation est le coup le plus dur qu'il ait jamais reçu. „Il faut alors se résoudre à mourir où à vivre", déclare-t-il; „je dirai plus tard pour-

---

[1] A. Marie, liv. cité, pp. 118 et 123.

[2] Coll. Spoelberch de Lovenjoul, cité par A. Marie, liv. cité, p. 118.

[3] M. Audiat (ouvr. cité, pp. 73, 75) signale *Corilla* comme premier écho de la souffrance d'amour du poète.

[4] A. Marie, liv. cité, p. 111.

[5] M. Audiat, (ouvr. cité, pp. 35, 36) arrive à la conclusion que ces lettres furent écrites vers 1837, et, si quelques unes parvinrent à Jenny, la plupart restèrent dans le tiroir de Gérard.

Bien que romancées et publiées six ans après la rupture (1843), ces lettres peuvent être considérées en partie comme des documents pour les états psychologiques de Gérard en 1837.

quoi je n'ai pas choisi la mort"[1]. Et il se reproche d'avoir aimé d'un amour platonique une personne ordinaire, dont il s'était fait une Laure ou une Béatrice[2]. A force de souffrir en silence, „l'impression douloureuse s'ancrait, le souvenir se creusait, devenait une fixe hantise, jusqu'à ce que, dans la mémoire obsédée, s'épandît l'hallucination"[3].

---

[1] Aurélia, 1-ère partie, ch. I.
[2] *Ibid.*
[3] A. Marie, liv. cité, p. 133.

II.

L'expression du sentiment de la mort.

1. „A la recherche d'Eurydice."

Il est difficile d'admettre que cet amour malheureux, dont il grandit démesurément la portée et les effets, jusqu'à en faire un point capital de sa vie, ait été la cause unique de sa folie. Il est vrai qu'il ne peut se rappeler „ce jour fatal" de la rupture sans penser à la veille, „si belle et si enivrante qu'il eût fallu mourir après" [1]. On dirait qu'il se plaît à raviver ainsi sa douleur par le contraste avec les rares moments de bonheur de sa vie. Mais l'explication qu'il donne de ce malheur est toute mystique: il s'accuse d'avoir provoqué la mort de Jenny en faisant couper l'anneau trop large pour le doigt de son amie [2]. Son esprit superstitieux s'y révèle; il lui fait croire à une fatalité qui pèse sur sa vie. A côté de ses amours, il y a toute une gamme d'états de sensibilité, brodés sur le même canevas mystique, et qui contribuent tous, de pair avec ses souffrances d'amour, à achever l'évolution du mal.

---

[1] Lettre XVIII, de la public. Sardou, dans *La Sylphide.*

[2] *Aurélia*, 1-ère partie, ch. VII. M. Audiat (ouvr. cité, p. 51) montre qu'il y a là encore un souvenir littéraire d'Hoffmann.

Les lettres désespérées de Gérard invoquent très fréquemment la mort.

Il trouve sa position à l'égard de Jenny „triste et fatale de tout point" [1]. „Mais songez au désespoir où me livrerait votre changement...", conjure-t-il[2]. Dans la lettre VII, „il sort d'une nuit terrible"; malheureux, il crie son désespoir: „Vous serez bien avancée quand „vous m'aurez fait mourir! Que diriez-vous, si j'allais me tuer comme D...?".

Très épris, il ne reculerait pas „devant une question de vie et de mort" [3]. „Ce n'est que loin de vous, lui écrit-il, „que je m'abandonne aux idées les plus extrêmes, les plus fatales" [4]. Il accepte „ses dédains comme une justice" [5].

Tandis que le triomphe d'une passion médiocre marque „un point lumineux dans l'existence, qui ne tarde pas à pâlir et à s'éteindre",— pour un coeur profondément épris „le trouble est grand, la convulsion est profonde et la tête se courbe en frémissant comme sous le souffle d'un dieu" [6].

Mais la III-ème lettre de cette collection est la plus significative. Là, après avoir déclaré à Jenny Colon que, pour lui aider à conquérir la gloire, tout son bonheur est de vivre et de mourir pour elle, il ajoute: „Mourir, grand Dieu! Pourquoi cette idée me revient-elle à tout propos, comme s'il n'y avait que la mort qui fût l'équivalent du bonheur que vous promettez? La mort! Ce mot ne répand cependant rien de sombre dans ma pensée. Elle m'apparaît couronnée de roses

[1] Lettre V.
[2] *Ibid.*
[3] Lettre X.
[4] *Ibid.*
[5] Lettre XI.
[6] Lettre XV.

pâles, comme à la fin d'un festin; j'ai rêvé quelquefois qu'elle m'attendait en souriant, au chevet d'une femme adorée, après le bonheur, après l'ivresse et qu'elle me disait: „Allons, jeune homme! tu as eu toute ta part de joie en ce monde. A présent, viens dormir, viens te reposer dans mes bras. Je ne suis pas belle, moi, mais je suis bonne et secourable, et je ne donne pas le plaisir, mais le calme éternel".

„**Mais où donc cette image s'est-elle déjà offerte à moi?** Ah! Je vous l'ai **déjà dit**". Et il raconte ensuite l'aventure qui lui est arrivée en 1834 à Naples. Il avait rencontré une Vénitienne ressemblant à Jenny. Après une nuit passée dans la compagnie de cette incarnation de l'actrice, il s'arrache à son illusion et gravit le matin le Pausilippe, „l'esprit traversé par l'idée de la mort". Le vaste panorama de la ville et du port se déroule à ses pieds. Alors le vide de son âme lui apparaît: Dans son coeur „il y avait l'idée de la mort". La pensée qu'il n'est pas aimé le ronge. Il ne retient de sa vie amoureuse que le goût amer des illusions perdues et le désespoir de n'avoir jamais été aimé. „C'est alors que je fus tenté d'aller demander compte à Dieu de ma singulière existence. Il n'y avait qu'un pas à faire: à l'endroit où j'étais, la montagne était coupée comme une falaise, la mer grondait au bas, bleue et pure; ce n'était plus qu'un moment à souffrir". Il veut s'élancer dans le vide, mais un pouvoir qu'il ignore, le retient. Sa mort offenserait Dieu et il se défend de commettre une telle action[1]. C'est la pensée de Dieu qui ramène ses pensées sur la terre et à la vie,

---

[1] Lettre III. M. P. Audiat (liv. cité, pp. 104, 110) trouve dans ce récit un mélange singulier entre le plan du souvenir et celui de l'imagination.

Nerval, qui n'a jamais été un chrétien pratiquant [1], aura toujours recours à la pensée divine, aux moments de crise. A l'approche de la mort, il sent Dieu dans son coeur: c'est une pensée qui surgit du plus profond de son être.

L'histoire de la jeune fille de Naples, à laquelle il explique au dernier moment sa confusion, se répète à Vienne, où il croit retrouver d'abord Adrienne sous la figure d'une archiduchesse [2]; ensuite la rencontre de Marie Pleyel rallume son coeur; il lui écrit, mais, saisi de remords, il va „rêver dans la solitude" [3]. Au moment de se déclarer, pour ne pas souiller la mémoire de Jenny, il avoue à la pianiste que c'était une illusion: il aimait toujours l'autre.

„Poursuivre les mêmes traits dans des femmes diverses. Amoureux d'un type éternel..." [4], tels sont les mots trouvés dans son carnet de voyage et qui suffisent à expliquer sa conduite singulière.

Ces confusions sont suivies de moments de désespoir; de même qu'à Naples il s'était laissé tenter un moment par la mort, à Vienne, c'est l'aspect du Danube qui le „convie à sortir proprement de la vie" [5].

---

[1] A une époque où *la Bible* fournissait des thèmes à tous les lyriques romantiques, Gérard n'en fait jamais mention.

[2] *Pandora, Revue hebdomadaire,* 24 sept. 1921.

[3] *Aurélia,* 1-ère partie, I.

[4] Publié par A. Marie, liv. cité, p. 190.

[5] Ph. Aldebrand, *Lauriers et cyprès.* M. A. Marie croit que c'est la première idée du suicide chez Gérard et traite l'aventure de Naples, comme un caprice en matière de dates, fréquent chez lui (liv. cité). M. Audiat (liv. cité, p. 79) considère cette lettre comme écrite pour Jenny en 1837. Une crise de ce genre nous paraît possible, vu les dépressions subies aux moments où il se sent profaner son amour.

A Vienne, la douce atmosphère d'Orient agit déjà sur lui [1]: il se laisse vivre. Malgré tout, l'exil auquel il s'astreint, ne le guérit pas; incapable d'oublier, il revoit encore Jenny, à Bruxelles en 1840. Dans ses yeux, il croit lire „le pardon du passé; ses paroles avaient une valeur inexprimable; comme si quelque chose de la religion se mêlait aux douceurs d'un amour jusque-là profané et lui imprimait le caractère de l'éternité" [2].

M. A. Marie attribue à cette rencontre des conséquences funestes; la forte émotion que Gérard ressentit alors aurait hâté sa crise mentale [3]. Sans doute que ce moment a pu être décisif pour lui. Cependant, il ne faut pas perdre de vue la préparation lente, mais ininterrompue de ce mal, qui n'attendait que le moindre choc pour se déclencher. Et ces amours fatales ne sont pas les seules sources qui alimentent son an-

[1] Voyage en Orient, t. II, *Les Amours de Vienne,* p. 422. Le poète remarque en outre la forte différence entre les moeurs viennoises et le catholicisme „si sérieux, si jaloux, si rempli de l'idée de mort et de privation, que peu de gens se sentent dignes de le pratiquer..." *(ibid.,* p. 394). Aveu intéressant sur la psychologie religieuse du poète: tout en respectant la religion catholique, il se juge indigne de la pratiquer.

[2] Aurélia, 1-ère partie, ch. III.

[3] A. Marie, (liv. cité, p. 165) s'appuie sur le passage *d'Aurélia* (1-ère partie, ch. II) où Gérard, de retour de Bruxelles, raconte sa première vision, qui lui annonçait sa mort, ou celle de son amante. Le songe qu'il fait la nuit suivante confirme sa pensée. Le fantôme d'Aurélia le guide au pays des morts. L'ange de la mélancolie plane sur ces lieux sombres, pénétrés d'une tristesse infinie; il vient s'abattre après un vol pénible. Le lendemain, Gérard sent que „les mystères du monde se révélaient à son esprit". Le soir, se sentant attiré par une étoile, il prie son double de le laisser atteindre l'étoile, où il rejoindra „celle qui l'attend".

goisse. N'oublions pas son état de rêve perpétuel et ses idées fixes et troublantes, n'oublions pas non plus ses constantes préoccupations mystiques, dépassant ses forces.

M. Audiat [1] affirme que ce n'est pas la mort de Jenny Colon qui a déclenché la folie du poète, „erreur depuis longtemps dissipée''. Sans l'attribuer à ses amours exclusivement, il nous semble bien toutefois que les préoccupations de cet ordre donnent un cachet spécial à ses écrits. Les figures qui l'attirent dans les différentes religions sont Isis, Vénus Uranie et la Vierge des Chrétiens. Tous les mythes historiques, il les brode sur des histoires d'amour, où il met souvent du sien; ses désirs, ses chagrins d'amour s'entremêlent avec les amours de Colonna et de Lucrèce Polia, de la Reine Balkis et de Soliman, de Hakim et de sa soeur. Ce „voile d'Isis'', dont un coin soulevé lui révélerait la Vérité éternelle, revient à maintes reprises. Le prix des épreuves d'initiation est la contemplation extatique d'une beauté divine, trait caractéristique du platonisme amoureux de Gérard.

Le long de son oeuvre, „tout un cortège de fantômes féminins surgira''. Une mélancolie amoureuse enivrante les enveloppe. Gérard essaie de se consoler en revivant ses états d'âme dans les belles amours des personnages légendaires ou historiques. Il y cherche une issue heureuse à ses déceptions ou bien il goûte, une fois de plus, ses propres amertumes. Ses amours mystiques, où l'idée de l'amour se rattache de près à celle de la mort, paraissent faire la trame de sa vie: tout est brodé là-dessus. Le passé enseveli s'incarne pour lui dans Sylvie et Adrienne; le présent, c'est l'idée obsédante d'Aurélia. Et, s'il poursuit éperdument la des-

[1] P. Audiat, liv. cité. p. 75.

tinée des âmes dans une autre existence, c'est pour avoir la certitude d'y rejoindre l'ombre de celle que la mort lui avait arrachée.

Les états amoureux n'ont peut-être pas engendré directement la maladie de Nerval; mais le fait est que l'amour sert de point initial et central à toutes ses autres préoccupations: religions orientales, ésotérisme, la littérature allemande avec le **Second Faust** et Heine, son retour au pays de l'enfance.

a) *Le Second Faust.*

Dans le Second Faust, traduit en 1840, Gérard de Nerval trouve une réponse à l'„hypnose mystique qui le poursuit"[1]. Dans le système panthéistique de Goethe il est attiré surtout par la théorie de la survie spirituelle des êtres et de leur retour possible à travers l'éternité, identiques en leur essence et perceptibles, peut-être, sous l'aspect sensible de ce qui fut leur forme terrestre[2].

Les figures de Faust, Manfred et Don Juan se rapprochent aux yeux du traducteur, comme „victimes de l'amour des femmes". Nerval se plaît dans le rôle de Faust et s'analyse lui-même, en étudiant l'oeuvre de Goethe. Il se réclame de cette forme de panthéisme moderne, dans lequel l'„antiquité et le moyen-âge, la matière et l'esprit se réconcilient"[3].

---

[1] „Cette traduction était l'aboutissement d'une longue hantise et comme la satisfaction d'une lointaine nostalgie" (Monselet, *Gérard de Nerval, L'Artiste,* 21 sept. 1856).

[2] Préface de Gérard de Nerval pour la troisième édition de Faust, suivi du *Second Faust,* 1840.

[3] M. F. Baldensperger *(Goethe en France,* Hachette, 1904, p. 118) estime que le „mysticisme panthéiste et le symbolisme naturel de Goethe... ne devaient point tenter une gé-

Pour Goethe, „les siècles se conservent tout entiers à l'état d'intelligences et d'ombres".

Et Gérard laisse percer son obsession: „Il serait consolant de penser,— en effet, que rien ne meurt de ce qui a frappé l'intelligence et que l'éternité conserve dans son sein une sorte d'histoire universelle, visible par les yeux de l'âme, synchronisme divin, qui nous ferait participer un jour à la science de Celui qui voit d'un seul coup d'oeil tout l'avenir et tout le passé" [1].

Cette idée qui concerne la survivance des âmes, la réalité de leur existence et la possibilité d'entrer en communication avec elles, fera l'idée centrale d'**Aurélia** [2].

Faust se lamentait sur les deux âmes qui habitent en lui, „dont l'une voudrait s'élancer auprès du soleil qui se retire, et dont l'autre se débat encore dans les liens de la terre" [3]. Il dissipait l'idée du suicide par la pensée de Dieu et par la curiosité scientifique. En résumant ainsi l'histoire du héros de Goethe, Gérard raconte ses propres épreuves. Et, lorsque Faust doit évoquer les ombres des trépassés, Gérard explique, en connaisseur averti: „Le système des monades de Leibniz se mêle ici aux phénomènes des visions magnétiques de Swedenborg. S'il est vrai, comme la

---

nération dont l'éducation avait été chrétienne" (comme celle de 1830).

Il a fallu le catholicisme de Gérard de Nerval, si vague et si accessible au paganisme mystique, pour que le *Second Faust* ait un interprète assez fidèle en France.

[1] Préface de la troisième édition de *Faust,* 1840.

[2] M. Audiat (liv. cité pp. 44-50) note comme emprunts directs faits par Gérard au *Second Faust,* pour *Aurélia:* l'abolissement du temps et de l'espace, l'idée de la rédemption par l'intercession de l'amante morte et des analogies de situations psychologiques, assez vagues parfois.

[3] Préface de la troisième édition de *Faust.*

religion nous l'enseigne, qu'une partie immortelle survive de l'être humain décomposé, se conserve indépendante et distincte, et ne va pas se fondre au sein de l'âme universelle,— il doit exister dans l'immensité des régions ou des planètes où ces âmes conservent une forme perceptible au regard des autres âmes et celles même qui ne se dégagent des liens terrestres que pour un instant par le rêve, par le magnétisme ou par la contemplation ascétique"[1].

Est-il possible de ramener ces âmes dans le domaine de la matière créée et de „condenser dans leur moule immatériel quelques éléments de pure matière"?

La „puissance du souvenir" seule protège les ombres contre le néant, conclut Gérard. Par l'„aspiration immense de son âme, à demi dégagée de la terre", Faust parvient à attirer Pâris et Hélène hors de leur cercle d'existence et à les amener dans le sien. Faust s'éprend d'Hélène, „un amour d'intelligence, **un amour de rêve et de folie"**, qui succède dans son coeur à l'amour tout naïf et tout humain de Marguerite"[2].

Comme le remarque M. A. Marie[3], „ce n'est plus Faust ni Goethe qui parlent". C'est Gérard lui-même, qui adapte à son obsession les symboles de la tragédie mystique. En parlant des âmes que protège la force du souvenir et que pourraient percevoir d'autres âmes par le rêve ou le magnétisme, il laisse poindre son désir ardent de rejoindre l'ombre divine qu'il poursuit et qu'il veut arracher au néant.

Pour ravir l'ombre d'Hélène, Faust devra pénétrer

---

[1] *Ibid.*

[2] *Ibid.*

[3] A. Marie, liv. cité, p. 156.

au monde des fantômes. C'est presque une „descente aux Enfers''[1].

Et on n'est pa s très surpris de lire, à la fin de cette préface[2], les conclusions de Gérard, intuition de sa propre crise qui va le tourmenter désormais entre la religion, la folie et la pensée de la mort. Rappelant la fin malheureuse de Faust, il attribue ses misères au pacte conclu avec Méphisto. „Malheureusement un esprit qui s'est séparé de Dieu ne peut rien faire pour le bonheur des hommes" observe-t-il, et enfin il ajoute, en guise de moralité: „Au moment de mourir, son aspiration suprême tend à Dieu, qu'il avait oublié si longtemps...". L'auteur semble donner pour conclusion que le génie véritable, même séparé longtemps de la pensée du Ciel, y revient toujours, comme au but inévitable de toute science et de toute activité[3].

Nerval a vécu les moments tragiques de sa vie longtemps avant leur date. Grâce à cette „vue intérieure", sens merveilleux des néoplatoniciens, que lui enseigna Philon le Juif et la mystique en général, —son esprit ailé devance le temps et les réalités...

*

A partir de 1840 „la vie de Gérard est l'illustration concrète et psychique de la doctrine de Fichte sur le

---

[1] Dans la préface de troisième édition de *Faust,* Gérard note que Faust trouve Hélène rayonnante de toute sa beauté et non pas une apparition décharnée, comme l'avait vue Ménippe dans les *Dialogues* de Lucien. Le poète paraît se plaire dans la première hypothèse: comment pourrait-il entrevoir Aurélia dépouillée de ses charmes? Et puis, lui-même, ne rêve-t-il pas souvent d'apparaître à sa bienaimée, éblouissant de splendeur ? Un peu comme Dante devant l'ombre de Béatrice, dans la *Vita Nuova.* Il y a là une sorte de messianisme sentimental et poétique et la même tendance à tout dramatiser.

[2] Préface de la troisième édition de *Faust,* 1840.

[3] *Ibid.*

„moi” créateur du „non-moi”[1]”. Ce dédoublement se traduit dans son âme par un combat redoutable. Sa discrétion amoureuse l’empêche de se plaindre. Tout au plus se permet-il de le faire dans des récits détournés, comme cette ballade[2], inspirée par Heine[3], où le désespoir mortel de l’amant meurtri s’épanche librement:

„Je sais une vieille chanson qui résonne lugubre et sombre: un chevalier portait au coeur un battement d’amour, mais celle qu’il aimait trahit sa foi:

„Il lui fallait donc mépriser comme déloyale la dame si chère à son coeur; il lui fallut donc rougir de son amour.

„Fidèle aux lois chevaleresques, il descendit dans la lice et défia les chevaliers au combat: „Que celui-là s’apprête à combattre, qui accusera ma dame d’avoir entaché son hermine!” Personne ne répondit à ces paroles, personne,— excepté son coeur. Ce fut donc contre son coeur qu’il pointa le fer de sa lance”.

Comme Heine, Gérard regarde maintenant l’amour comme l’avant-goût de la mort. On appelle la mort, dès qu’on soupçonne l’amour, et les chagrins d’amour n’ont d’autre issue que la tombe.

En 1855 paraissent deux petits poèmes posthumes en prose : **La danse des morts** et **Le Pauvre Pierre,** sous le titre commun **Le Rêve et la Vie**[4]. Les deux sont inspirés de Heine [5]. Le premier, dans le ton macabre de **l’Ecole des cimetières** anglaise, reproduit les

---

[1] Aug. Dupouy, ouvr. cité, pp. 89, 90.

[2] Citée par A. Houssaye, *Confessions,* vol. III.

[3] Heine, *Livre des Chants, Romances, Le Chevalier blessé.*

[4] *L’Artiste,* 22 avril 1855.

[5] Heine, *Livre des Chants, Souffrances de jeunesse,* 8, et *Livre des Chants, Romances, Le Pauvre Pierre.*

lamentations des morts dans un cimetière contre l'amour. „Amour, amour", clament-ils en choeur, „ta puissance nous a couchés ici et clos les yeux". Ce n'est pas pour le cadre sépulcral du poème, mais pour la note intime de souffrance personnelle, que Gérard fait appel à ces vers, pour y enchâsser son désespoir.

Le Pauvre Pierre semble plus près encore de la psychologie de ce Heine français. Pierre, abandonné par Marguerite, souffre mortellement. La foi l'empêche de se donner la mort. Il l'attend venir; „la tombe est la meilleure place où il puisse reposer et dormir jusqu'au jugement dernier". Il rappellera au juge divin le serment qu'elle lui avait fait „de vivre et de mourir ensemble". „Mais les paroles des femmes sont des roses que le premier vent effeuille [1]."

2. La folie mystique.

Ce n'est pas le cas de reprendre l'histoire de cette folie singulière: elle nous intéresse en tant qu'elle aiguise l'appétit de la mort chez Gérard. C'est une étape de plus dans la marche de ses troubles mentaux, aboutissant à une cristallisation du sentiment de la mort.

M. A. Marie [2] insiste sur les causes „toutes mystiques" de cette folie et l'idée nous paraît très conforme à la psychologie du poète.

Jusqu'en 1841 tout contribue à préparer le terrain. C'est alors que „le rêve s'épanche dans la vie réelle". Marqué dès l'enfance par „les signes des prochaines

---

[1] Il serait difficile de préciser à quelle date ont été écrits ces deux poèmes. Mais il nous semble bien que c'est après la traduction qu'il donna de Heine, donc pas avant 1848.

[2] A. Marie, ouvr. cité, p. 167.

névroses", Nerval suit un chemin qui nous paraît un aboutissement logique.

Après la rupture avec Jenny Colon (1837), qu'il considère désormais comme morte [1], il cherche dans le Second Faust (1840) les garanties d'un rappel des ombres dans un séjour terrestre. Il s'y est déjà mis „à la recherche d'Eurydice". Les mythes ésotériques lui promettent le même bonheur de communier spirituellement avec Aurélia. C'est probablement vers cette même époque (après 1840) qu'il reprend son enquête sur les religions orientales. Son intérêt se porte, non pas tant du côté philosophique-spéculatif, mais bien plutôt du côté, en quelque sorte, religieux-pratique: il tend à connaître les destins d'outre-tombe, tels que les concevaient les peuples anciens. Les doctrines ésotériques qui considèrent la mort comme la naissance à une vie nouvelle, infiniment plus belle que l'existence terrestre, lui ouvrent des horizons inattendus. Et il s'enhardit à explorer ces dédales.

La Cosmogonie védique ne lui laisse rien. En revanche, **Le Livre des Morts** des Egyptiens et les mystères d'Isis le frappent vivement. Nulle part la majesté de la mort ne lui est apparue plus impressionnante que dans ce mythe et dans le culte des morts égyptien. Il arrive par là au dogme pythagoricien de la transfusion des âmes.

Comme Orphée, il va tout abandonner, pour retrouver Eurydice parmi les ombres [2].

Tout à sa foi aux mystères, il se débarrasse petit à petit de toutes les attaches terrestres. Complètement spiritualisé, il regarde le monde matériel comme des

---

[1] Jenny Colon est morte six ans plus tard, en 1843.
[2] A Marie, ouvr. cité, p. 168.

fantômes. Le monde invisible est, au contraire, le seul qui ne fût point chimérique.

„L'erreur des masses provient", disait-il, „de ce que l'au-delà leur est fermé: c'est qu'il est donné à un petit nombre d'élus seulement de frayer avec les esprits avant de dépouiller leur enveloppe mortelle[1]."

Entraîné sur cette pente de l'initiation, où une force divine l'appelle, il se crée de plus en plus une vie ultrasensible: son panthéisme s'accentue et se spiritualise. Dans la pensée orientale, il puise l'idée du relatif de la vie terrestre et la foi ardente dans d'autres existences. „On ne dit pas d'un Druse qu'il est mort; on dit qu'il s'est transmigré", rapporte-t-il dans son **Voyage en Orient**[2]. Et, une fois de plus, il se trouve confirmé dans son espoir de communier avec les esprits défunts: „Cela est donc vrai!", dit-il. „Nous sommes immortels et nous conservons ici les images du monde que nous avons habité. Quel bonheur de songer que ce que nous avons aimé existera toujours autour de nous![3]"

Ce mysticisme de la transmigration des âmes finit par imprégner son sentiment de l'amour[4]. Ses amantes ne représentent plus pour lui que des phases d'une métamorphose, incarnations passagères d'une nature divine, ou simples reflets de son „paysage intérieur". Les préoccupations de la survie deviennent pathologiques par leur fixité, par ce qu'elles avaient d'obstiné et de vague, de douloureux et d'imprécis.

Le souvenir, son rêve d'amour et son idée fixe du voyage sans fin des âmes vers un meilleur séjour,

---

[1] Cité par les docteurs Anthéaume et Dromard, *Poésie et folie*, Doin, 1908, pp. 410-428, consacrées à Nerval.

[2] *Voyage en Orient*, t. I.

[3] *Aurélia*, 1-ère partie, ch. IV.

[4] Antheaume et Dromard, liv. cité, pp. 410-428.

tout cela lui fit passer, sans qu'il s'en aperçût, les bornes de la raison.

Ainsi, la folie de Gérard de Nerval n'est pas le résultat d'un accident, mais l'aboutissement de son passé lointain, „le funèbre épanouissement de son mysticisme" [1].

„Le rêve a tué la vie; l'équilibre s'est rompu", disait Gautier[2].

Et Gérard subit en 1841 les premières atteintes d'une folie que M. A. Marie caractérise par „les visions extatiques, la méconnaissance des perceptions, la conscience d'une force surhumaine ou exagération du moi, le dédoublement de la personnalité"[3]. C'est un des rares exemples d'un poète que l'abus du rêve ait mené jusqu'au seuil de la folie; mais cette folie,— affirme M. Vaudoyer[4]—, „n'a jamais eu un caractère morbide ou malsain". Il convient, en effet, de remarquer que la folie de Gérard n'a jamais dépassé „l'excitation maniaque" ou la cyclothymie, troubles nerveux, consistant dans des phases alternatives d'exaltation et de dépression mélancolique.

Avant même que le mal se déclarât, esprit trop large et trop fuyant pour pouvoir se cantonner, il avait cette étrange maladie qui n'est pas sans délices: le don de mêler à la vie des rêves des fantômes et de s'abîmer dans leur néant.

Maintenant son esprit sera plus que jamais en proie

---

[1] Buffenoir, art. cité, *Revue bleue,* 16 août 1924, p. 562.

[2] Th. Gautier, Préface du *„Rêve et la vie, Aurélia,* 1855, p. 17.

[3] A. Marie, ouvr. cité, *Les limbes.*

[4] L. Vaudoyer, *Gérard de Nerval,* „Revue hebdomadaire", sept. 1921.

aux rêves. Il attend que le sommeil confirme ses pensées lucides [1].

Ses rêves tiennent à la fois du réel et du mythe [2], Rêveries ou délires, ils renferment „des faits qu'on peut situer et dater, qui marquent l'esprit de Gérard aussi profondément que la réalité". Sous l'impulsion de la mélancolie morbide, il nous raconte ses amours avec Aurélia. Mais son psychique assombri ne lui permet pas de respecter la vérité. D'autant plus, qu'il raconte en 1853 ses amours de 1834. L'espace entre ces deux dates est parsemé de toutes ses illusions que la vie a flétries. Il regarde le passé de l'oeil attendri de celui qui s'en va; le présent douloureux déteint sur le passé merveilleux, sans le dépouiller, cependant, de tout ce qui en faisait un pays de rêve.

Les songes portent toujours le cachet de l'état pathogique où le poète se trouve: pendant les périodes d'exaltation, il donne libre carrière à ses désirs; les rêves sont éblouissants de lumière et le rythme en est tendu[3]. Au contraire, à l'état de dépression mélancolique, ses rêves l'entraînent plutôt vers les images funèbres et le ramènent, comme une obsession, à l'idée de la mort [4].

---

[1] Cf. *Aurélia,* 1-ère partie, ch. II et VI.

[2] M. P. Audiat (liv. cité, pp. 127, 128) discerne, avec beaucoup de réserve, dans la vie mentale de Gérard de Nerval trois plans: le plan du réel (événements, lectures), celui du mythe (les mêmes faits transformés par l'imagination; ces deux premiers coexistent sans s'exclure): enfin, le plan du *rêve,* tenant des deux premiers, „sorte de miroir magique" qui reçoit des éléments réels, mais les rend déformés.

[3] Cf. Les rêves d'amour de Hakim et de Yousouf dans *l'Histoire de Hakim (Voyage en Orient,* t. I.).

[4] Les rêves *d'Aurélia.* Le Dr. J. Vinchon *(L'art et la folie,* Paris, Stock, 1924) atteste la fréquence des images

Dans ses rêves abondent les souvenirs des existences antérieures [1] et les révélations sur la vie future: Cette idée troublante des vies antérieures, du „déjà-vu" ou plutôt, du „déjà-vécu" le jette dans une terrible angoisse [2]. Il n'hésite plus à avouer qu'il sent la folie l'envahir, à force de voyager dans ces deux domaines: le passé et les mondes inconnus [3]. A. Houssaye disait de Gérard: „Il a vécu pour voyager; il est mort pour voyager" [4]. Et ce contemporain et ami du poète soutient que celui-ci en était à ce point ténébreux et rayonnant, où on ne sait plus si le rêve est né d'anciennes lectures ou si on se souvient des existences antérieures [5]. Pour lui, „inventer, c'est se ressouvenir".

---

morbides chez les fous, à côté des oeuvres claires que les natures artistes disputent, de haute lutte, à la folie. Les délires se déroulent au cours de longues rêveries qui s'imposent tyranniquement à la personnalité du malade, ou bien que celui-ci réclame lui-même. Ce dernier cas est celui de Nerval: le poète recherche l'état de rêve, veut le prolonger; le songe constitue la délivrance de l'âme et le commerce libre avec les esprits et l'au-delà. Parfois même, il croit atteindre cet état supérieur de l'extase, dernière épreuve que les néophytes des mystères antiques devaient surmonter (A. Marie, liv. cité, p. 172).

1 *Voyage en Orient,* I, p. 192.

2 Dr. J. Grasset, *La sensation du „déjà-vu",* Paris, 1904.

3 A. Houssaye, *Gérard de Nerval, L'Artiste,* 4 févr. 1855.

4 Sylvie, III, *Résolution.*

5 Gérard prétend saisir la série de toutes ses existences antérieures. Il exprime cette idée dans la *Lettre de l'Illustre Brisacier à son amante:* „Du moment que j'avais cru saisir la série de toutes mes existences antérieures, il m'en coûtait pas plus d'avoir été prince, roi, mage, génie et même dieu, la chaîne étant brisée et marquait les heures pour des minutes. Ce serait le *Songe de Scipion,* la *Vision du Tasse* ou la *Divine Comédie* de Dante, si j'étais parvenu à concentrer mes souvenirs en un chef-d'oeuvre".

Tout en gardant les caractères un peu morbides de l'activité diurne [1], le rêve prend chez lui le contour assez net d'une activité psychologique complète. „Le rêve est une seconde vie", sont les premiers mots d'**Aurélia** [2]. „Les premiers instants du sommeil sont l'image de la mort; un engourdissement nébuleux saisit notre pensée et nous ne pouvons déterminer l'instant précis où le **moi**, sous une autre forme, continue l'oeuvre de l'existence... Puis le tableau se forme, une clarté nouvelle illumine et fait jouer ces apparitions bizarres; le monde des esprits s'ouvre pour nous."

Les songes sont pour Gérard des „compensations": il est bon nombre de ses rêves qui sont des transpositions de la vie réelle, telle qu'il la voudrait [3]. Le monde de ses rêves est peuplé de personnages hantés par les obsessions du poète et enveloppés dans une atmosphère de fantastique hallucinatoire, où se plaît

---

[1] N'oublions pas que chez lui il y a à considérer non seulement les rêves nocturnes, qu'il enchâsse dans ses oeuvres, mais aussi toute cette rêverie morbide, qui fait de lui un véritable „rêveur éveillé".

[2] *Aurélia,* 1-ère partie, ch. I.

[3] Le „rêve-compensation" revient souvent chez lui. Voir *Voyage en Orient,* t. I, *Le Drogman Abdalah,* p. 51 et *ibid.*, p. 38.

J. Retinger, dans son travail sur *Le Conte fantastique dans le romantisme français,* Paris, 1908, fait mention de la fréquence des rêves dans les contes romantiques inspirés surtout par les auteurs allemands, Hoffmann, Jean Paul Richter, Novalis, Tieck, Chamisso.

Ch. Nodier a fait, lui aussi, du songe un élément principal de ses récits. Il a entrevu le rôle de l'érotisme dans le rêve et, comme Gérard, il a recours au „pouvoir d'évasion" du présent, qui ne lui donnait plus de joie; il se réfugiait dans le passé, la rêverie, le sommeil, et l'„accoutumance à l'idée de la mort" (J. Larat, *La tradition et l'exotisme dans l'oeuvre de Ch. Nodier,* Champion, 1923).

son moi. Un léger sensualisme rappelant les paysages „à la Watteau" du Valois planent un peu partout. Comme nous l'avons dit à propos de la psycho-physiologie de Nerval, il nous semble que la plupart de ses rêves relèvent de la psychanalyse. La part de refoulement est considérable chez lui et la „libido" a une place restreinte; cela s'explique par le contrôle rigoureux que sa discrétion lui impose. Pour l'idée de la mort, en tout cas, la méthode psychanalytique fournit une explication,— parfois trop subtile, peut-être,— mais certainement suggestive: Nerval revit dans ses rêves le passé embelli et se penche déjà auxieusement sur les mystères de l'au-delà. Ce sont justement ces préoccupations à l'état de veille qu'il „réalise", non sans accorder de larges concessions à la censure, très vigilante, même lorsque son esprit sombrait dans la folie.

Chez Nerval on peut également envisager le rêve comme une sorte d'„issue complémentaire"[1]. Le poète se détourne de la réalité trop rude pour se plonger dans le rêve, qui, par les fantômes d'action qu'il suscite, joue l'accomplissement du désir et désarme le désir[2].

Mais, comme ses rêves sont composés d'éléments personnels, de souvenirs littéraires[3] et de mythes anciens à tel point enchevêtrés, il serait assez risqué de chercher des symbolismes précis dans ses songes.

---

[1] Jules Romains, *Aperçu de la psychanalyse, Nouv. Revue Française,* 1-er janv. 1922.

[2] *Ibid.*

[3] Il serait quand même intéressant de distinguer dans les rêves de Nerval les souvenirs livresques des éléments subjectifs, vécus ou imaginaires. M. P. Audiat a trouvé quelques réminiscences littéraires dans *Aurélia* (1-ère partie, ch. IV, VII, et VIII) et dans *L'Histoire de la Reine du Matin et du Roi Soliman (Voyage en Orient,* II, p. 389 et suiv.). Cf. P. Audiat, ouvr. cité, pp. 60, 61.

Néanmoins, vers la fin de sa vie, pendant qu'il s'épanchait fiévreusement sur les feuillets d'**Aurélia**, sous l'impulsion morbide d'une crise d'exaltation cyclothymique, le texte lui-même peut constituer un document pour la psychanalyse. Ce qu'il y a de plus intime en lui, l'inconscient d'ordre érotique, s'affranchissant des chaînes de la censure, relâchée par les troubles nerveux, surgit dans les pages d'**Aurélia**. Le rêve le met en contact avec le Divin et nourrit l'extase [1]. D'où la teinte mystique des rêves et la présence fréquente des grands personnages bibliques ou mythiques dans leur cadre [2].

Les rêves ambitieux, si vraiment il en a, portent deux traits dominants: le messianisme romantique et le mysticisme amoureux [3].

En ce qui concerne ses rêves érotiques, il convient de rappeler que la „libido" n'est pas la grande force qui anime son inconscient; il s'en faut de beaucoup. Appuyé justement sur son platonisme amoureux et sur ce manque de la „libido" [4], que le dr. Barbier se croit autorisé à parler d'une „anomalie du sens génital" [5]. A vrai dire, cette anomalie est plutôt un refuge dans le monde de la fantaisie, un détournement de la voie sexuelle et l'acheminement de la „libido" vers des objets imaginaires, vers la sublimation [6].

---

1 Dr. S. Freud, *Introduction à la Psychanalyse,* trad. Jankélévitch, Paris, Payot, 1922, *Les Rêves* p. 80 suiv.

2 Les rêves d'Adoniram dans *l'Histoire de la Reine du Matin et du Roi Soliman,*

3 Rêves de Yousouf *(Hist. de Hakim, Voyage en Orient,* I) et les rêves amoureux *d'Aurélia.*

4 Voir ces mêmes rêves amoureux.

5 Dr. Barbier, ouvr. cité.

6 Dr. Freud, liv. cité, pp. 389-391. L'auteur développe longuement cette idée du rêve-refuge et source d'art. Plus difficile, mais plus féconde peut-être, serait la recher-

Il y a encore un point sur lequel on pourrait mettre à profit les méthodes psychanalytiques: c'est la question de savoir si, en effet, Gérard, souffrant du besoin de se confesser[1], écrivait pour se délivrer de ses hantises[2], soit sous la forme du récit direct, personnel, soit dissimulé sous les noms fictifs des personnages auxquels il s'identifie.

*

Le phénomène qui déclenche une forme autrement grave de son mal, c'est la dissociation de sa personnalité. Son „frère mystique", „le double", lui apparaît dans les moments d'hallucination. Pythagore indique dans les visions suprêmes des mourants l'apparition de ce double annonciateur, **„le char subtile de l'âme"**, destiné à enlever celle-ci après la mort. Une tradition allemande prétend y voir l'annonce d'une mort prochaine.

A partir de ce moment-là commence pour lui l'„épanchement du songe dans la vie réelle"[3]. Tout prend à ses yeux un aspect double; son âme est „distinctement partagée entre la vision et la réalité". Et attendant l'instant où l'âme devait se séparer du corps, il a la révélation du destin de l'âme délivrée[4].

Une nuit, dans un voyage au pays des morts, il ren-

---

che des „complexes" dans la vie mentale de Gérard. Cf. L. Cazamian, *La Psychanalyse et la littérature*, „Rev. de litt. comp.", 1924.

A. Thibaudet, *Psychanalyse et critique, Nouv. Revue française*, avril 1921.

P. Audiat, *La Biographie de l'Oeuvre littéraire*, Champion, 1925, pp. 130-133.

[1] P. Audiat, *L'„Aurélia" de Gérard de Nerval*, Champion, 1925, p. 128.

[2] *Ibid.*, p. 10.

[3] *Aurélia*, 1-ère partie, ch. III.

[4] *Ibid.*

contre ses parents et ses ancêtres inconnus. Il se voit lui-même transporté d'un siècle en arrière; il communique avec l'esprit de son oncle.

L'idée de l'immortalité le ravit; mais son oncle lui rappelle qu'il a devant lui de rudes années d'épreuves. C'est sur la terre que se nouent et se dénouent les destinées: „Notre passé et notre avenir sont solidaires. Nous vivons dans notre race et notre race vit en nous [1]."

Un autre songe le transporte parmi les ombres du passé, vision d'une race primitive et heureuse. Gérard se met à pleurer, comme au souvenir d'un „paradis perdu": „là, je sentis amèrement que j'étais un passant dans ce monde, et je frémis à la pensée que je devais retourner dans la vie" [2].

La patrie mystique qu'il avait entrevue, le rassure. Ainsi ce doute éternel de l'immortalité de l'âme se trouvait résolu pour lui. „Plus de mort, plus de tristesse, plus d'inquiétude." Il est certain de l'existence éternelle des siens, dont „il n'était séparé que par les heures du jour" [3]. Et, en effet, la nuit ne tarde pas à réaliser son désir. Le rêve lui fait remonter à l'enfance heureuse.

Trois femmes, ayant de vagues ressemblances entre elles, travaillent dans un jardin. Il se sent petit enfant, Adrienne se lève et conduit Gérard à travers un vieux parc. Insensiblement, elle est devenue Aurélia, qui, à son tour, se transfigure et s'évanouit. Tout prend un aspect lugubre. Il heurte un buste avec la figure d'Aurélia. „Le jardin avait pris l'aspect d'un cimetière." Des voix crient: „L'Univers est dans la nuit!..." [4].

---

[1] *Aurélia*, 1-ère partie, ch. IV.
[2] *Ibid.*, 1-ère partie, ch. V.
[3] *Ibid.*
[4] *Aurélia*, 1-ère partie, ch. VI.

Aurélia était morte. Gérard ne ressent qu'un vague chagrin mêlé d'espoir. „Je croyais moi-même", avoue-t-il, „n'avoir que peu de temps à vivre et j'étais désormais assuré de l'existence d'un monde où les coeurs aimants se retrouvent. D'ailleurs, elle m'appartenait bien plus dans sa mort que dans sa vie [1]."

Désormais, elle lui apparaît dans ses rêves sous les traits d'une divinité [2], entourée de dieux. Une autre fois, Aurélia devient le centre d'une création fantastique; c'est elle qui régit, dans ses avatars, l'évolution des êtres et des mondes. Suit toute une cosmogonie, dont il dégage la succession tragique des religions et des dieux, l'humanité en marche s'égorgeant pour imposer des dieux nouveaux.

La crise une fois passée, on le dirait complètement rétabli. Qu'on ne s'y méprenne pas! Malgré son ton dégagé et badin, il a des chutes fréquentes, suivies de ressaisies non moins rapides.

Il va considérer la crise de 1841 comme un avertissement qu'il s'accusera d'avoir négligé: „Dieu m'avait laissé ce temps pour me repentir et je n'en avais point profité. Après la visite du convive de pierre, je m'étais rassis au festin [3]."

La crise aiguise sa sensibilité. „Je me trouve tout désorienté et tout confus", avoue-t-il, „en retombant du ciel, où je marchais de plain-pied, il y a quelques mois"[4].

La porte sur le subconscient restera désormais ouverte.

---

[1] *Ibid.* Se jugeant le seul initié, en possession des mystères de l'au-delà, il se croit en droit d'aspirer à vivre auprès d'elle.

[2] *Aurélia*, 1-ère partie, VII.

[3] *Ibid.* 2-ème partie, ch. III.

[4] Lettre à M-me A. Dumas, 9 nov. 1841, *Revue des documents historiques,* 1878.

3. L'Orient. Sur les pas des „Grands Initiés".

Il n'est pas étonnant qu'un mystique comme Gérard de Nerval ait fait appel à l'Orient pour apaiser sa soif de mystère religieux. On ne saurait parler d'Orient, „pays des visionnaires et des dormeurs éveillés", sans qu'il soit question de religions.

A l'atmosphère factice des **Mille et une nuits** et à l'Orient biblique Gérard ajoute l'Orient des „Grands Initiés" et des mystères religieux. Cet écrivain, qui faisait peu de cas de la philosophie européenne, se porte éperdument vers la philosophie des religions initiées; la connaissance de leur côté rituel ne lui suffit guère; c'est leur esprit intime et leur symbolisme qu'il veut saisir. Et, par-dessus tout, c'est l'histoire de l'âme et le problème de la survie qu'il poursuit.

Si le désir de communier avec l'ombre d'Aurélia met en branle son imagination et sa curiosité pour les croyances qui parlent de survie [1], il ne tarde pas à quitter son point de départ, pour embrasser des questions d'une bien plus vaste envergure.

Par cet amour passionné de l'Orient, Gérard de Nerval annonce l'„école païenne" de L. Ménard, Leconte de Lisle, Thalès Bernard, Léon Dierx, etc., avec les vastes horizons découpés dans l'histoire des civilisations mortes. Du même coup, le problème de la mort gagne en ampleur et en profondeur.

Ce n'est plus l'aspect terrifiant de la mort catholique, servant à ramener les pécheurs au sein de l'Eglise; ni la préoccupation, anxieuse, de la mort „gouffre béant". Il n'est plus question du salut de l'âme au cours d'un bref séjour terrestre. Le problème change complètement d'aspect. Ce n'est qu'à la suite d'une longue série de migrations et de transfusions que l'âme

---

[1] A. Marie, liv. cité, *Vers Isis*.

atteint la perfection voulue: la mort n'est qu'une délivrance, le passage dans un autre monde. Le thème rebattu de l'angoisse ressentie à l'approche de la mort est remplacé par des problèmes d'une plus grande portée: la mort des dieux et des croyances, la disparition tragique des peuples et de leurs civilisations, enfin la mort cosmique; autant de thèmes lyriques qui, sans être tout à fait nouveaux [1], apportent une note originale par leur fond documentaire, leur portée philosophique et l'esprit dans lequel on les traite.

D'autre part, la connaissance comparative des dogmes et des civilisations va aboutir à une foi synthétique; l'histoire des religions va révéler, en outre, les destins d'outre-tombe.

On a étudié les facteurs d'ordre extérieur qui ont déterminé les rapports entre Gérard de Nerval et l'Orient [2]. Mais on a eu tort de ne pas insister sur les raisons pour ainsi dire intérieures; doué d'un sentiment très vif du passé légendaire, il éprouve le „frisson historique" devant les mondes enfouis, qui ressuscitent à ses yeux.

Pourtant, on risquerait fort de se tromper en croyant que l'auteur du **„Voyage en Orient"** se laisse pénétrer et influer par l'Orient mystique sans y opposer la moindre résistance. Notre poète promène sa hantise dans le cadre magnifique oriental. Comme en Allemagne, il ne se laisse saisir que par les aspects qui répondent à son „rêve intérieur". C'est la „force de

---

[1] Cf., plus haut, au chap. *Initiation illuministe,* les ouvrages cités de Volney, Dupuis, Lamartine. Cf. également Chateaubriand, *Itinéraire de Paris à Jerusalem,* 1811 et V. Hugo, *Orientales,* 1829.

[2] Voir surtout John Alfred, liv. cité.

résistance"[1] qu'il oppose, lui, occidental, à la civilisation du Levant. C'est, en somme, sa propre personalité qu'il projette sur ce qui frappe son imagination.

*

La profession de foi stoïque d'amoureux meurtri qu'il formulait à la fin des **Amours de Vienne** ne paraît que rarement dans ses notes de voyage. On dirait, au contraire, qu'il est vite passé à l'autre extrêmité, à l'épicurisme indulgent. Et, tout le long de son séjour en Orient, ces deux états d'âme vont se succèder, coupés asseez souvent de crises de mélancolie aiguë[2].

Pour avoir une idée de ses états d'âme à cette époque, il faut connaître l'idée maîtresse de ses convictions religieuses, qui tient dans ses lignes[3]:

„Je reportai ma pensée à l'éternelle Isis, la mère et l'épouse sacrée; toutes mes aspirations, toutes mes prières se confondaient dans ce nom magique; je me sentais revivre en elle, et parfois elle m'apparaissait sous la figure de la Vénus antique, parfois aussi sous les traits de la Vierge des chrétiens"[4].

Le sens religieux de son voyage en Orient se révèle dans ce passage.

Les religions s'incarnent chez lui dans des figures féminines, très ressemblantes entre elles et ayant tou-

---

[1] L'expression est de M. F. Baldensperger, *Orient et Occident*, *Revue de litt. comparée,* 1922.

[2] La psychologie de Gérard et sa pensée rappellent singulièrement les *Quatrains (Rubáyati)* d'Omar Khayámi, le philosophe-astrologue persan, flottant entre le „carpe diem" et le fatalisme, „qui courbe la tête",— connu déjà avant la fameuse traduction anglaise de Fitz Gerald de 1850 et que le poète français a pu lire.

[3] M. A. Marie place ces lignes en tête de son chapitre sur l'Orient: „*Vers Isis*" (liv. cité, p. 180).

[4] *Aurélia*, 2-ème partie, ch. VI.

tes des traits communs avec ses amantes [1]. Peu lui importent leurs noms: ce ne sont que des étiquettes qu'il épingle à ses propres fictions.

Les étapes de son pèlerinage sont jalonnées par ces recherches sur des figures de déesses, recherches qui trahissent un peu l'artifice du drame voulu à tout prix.

Dans l',,île parfumée de Vénus Uranie'', Gérard sent son âme apaisée. Il est caractéristique pour sa psychologie de savoir qu'il n'a senti cet apaisement que devant les grands tombeaux d'Egypte [2], dans les sanctuaires d'Isis [3] et ensuite, vers sa fin, au pays de son enfance [4]. Ce sont des lieux où le passé lui parle ce langage hermétique qu'il est seul à comprendre. Sa

---

[1] Serait-il trop subtil de tâcher d'appliquer, là encore, la méthode psychanalytique?

On sait quelle large part de symbolisme érotique renferment les mythes religieux. Les nombreuses études de l'école psychanalytique abondent dans ce sens. Pour Gérard, qui aime se construire à son propre compte une religion faite de la poésie de tous les autres mythes, fondue dans son rêve d'amour,— rien ne nous paraît plus naturel que cette identification érotico-religieuse entre les déesses et l'incarnation idéalisée de ses amours. Les épreuves d'initiation au bout desquelle une vierge rayonnante de beauté vient récompenser le néophyte de ses efforts ne seraient que des épreuves d'amour. Aux dires de Gérard, l'histoire de la religion druse renfermerait aussi des figures de femmes et des rêves d'amour. Là, au moins, il est plus direct et visiblement subjectif.

Et, lorsque, en proie aux crises dernières, dans un retour suprême sur lui-même, il a recours au catholicisme pour sauver son âme, ce n'est pas le Christ qu'il invoque, mais la Sainte Vierge. Quant à son *Christ aux Oliviers*, c'est une spéculation philosophique sur la trame toute faite de Jean Paul.

[2] *Voyage en Orient*, t. I, *Les Pyramides*, pp. 173-183.

[3] Ibid., *Les épreuves*, pp. 183-193.

[4] *Sylvie* et *Promenades et Souvenirs*.

mélancolie s'accroît devant les ruines de Cythère, qui n'a rien conservé de sa beauté. Il déplore l'effacement du passé: „tout cela est détruit, rasé, méconnaissable" [1].

Toutes les ruines l'attirent également: catacombes, sarcophages, urnes funéraires. Devant les ruines du temple où les héros du Songe du Poliphile s'étaient unis spirituellement, il aspire à revivre son propre rêve d'amour „désincarné". Et c'est alors que, pour la première fois, il expose son syncrétisme religieux. Les deux amants chrétiens placent leur idéal dans les croyances spiritualistes platoniciennes et dans un cadre éloquent d'hellénisme [2].

Comment accorder le „voeu païen de Poliphile et de Polia avec la forme chrétienne de leur vie monastique?"

„Peut-être ont-ils cru voir dans la Vierge et son Fils l'antique symbole de la Mère divine et l'Enfant Céleste qui embrase les coeurs. Osèrent-ils pénétrer, à travers les ténèbres mystiques, jusqu'à la primitive Isis, au voile éternel [3] ...?"

Il est intéressant de nous rapporter à ce fragment de carnet de voyage [4] pour nous faire une idée du dédale des pensées qui traversent l'esprit de Gérard:

---

[1] *Voyage en Orient, Souvenirs de l'Archipel*. Cf. plus haut, *Le milieu romantique*.

[2] A. Marie, ouvr. cité, pp. 183-184.

[3] *Voyage en Orient*, I, *Souvenir de l'Archipel*.

[4] Manuscrit appartenant à M. A. Marie, ouvr. cité, p. 190. M. A. Marie a eu l'extrême obligeance de nous faire voir, avec d'autres pièces de sa riche collection concernant Gérard de Nerval, un des carnets de voyage que le poète remplissait de son écriture, fine et serrée, à peine déchiffrable. La ligne de la pensée ne se laisse pas aisément saisir; c'est la transcription des idées fugitives, avec leur incohérence et leur manque de suite. Mais cela lui suffisait largement à l'élaboration de l'ouvrage.

„Les rêves et la folie,— l'étoile de l'Orion,— l'Europe s'élève,— le rêve se réalise, — les mers,— souvenirs de brouillards à travers—climat où ma tête repose, Amours laissées dans un tombeau,— Elle, je l'avais fuie, je l'avait perdue,— je l'avais faite grande,— Italie,— Allemagne,— Flandre, — Vaisseau d'Orient,— Amour de Circé,— Rosalie.

„Nuit de Vienne,—Peregrinus, — A Vienne ne l'ai-je pas revue dans une fille de l'archiduc?...

„Déplacements, — La femme courant les spectacles, — Bruxelles,— Le portrait, les lettres.

„Idées sur les nombres,— Somnambulisme.

„Poursuivre les mêmes traits dans des femmes diverses,— Amoureux d'un type éternel[1].

„La fatalité".

Ces bouts de phrases, sans aucun lien logique apparent, ont le don de nous évoquer toutes les étapes de sa vie tourmentée. Les idées tournent autour de la même obsesion douloureuse. Il y a là, à n'en pas douter, des brins de souvenirs personnels, à côté de réminiscences livresques. Tout à ses crises qui l'inquiètent, il se pose déjà le problème repris dans **Aurélia**: où finit le rêve et où commence la folie?

L'étoile d'Orion, image d'Osiris, symbole du séjour des morts, lui semble incarner le mystère des fins dernières.

Suivent les obsessions de ses voyages, où l'ont poussé les souffrances d'amour: ayant laissé ses amours au tombeau[2], il cherche à travers les mers un refuge en Orient, où sa tête se repose. La figure de

---

[1] Aveuglé d'amour, il a adoré son amante, selon les rites païens et confondu l'éternel féminin avec la divinité (*Aurélia,* 1-ère partie, ch. II).

[2] Même idée dans, le récit de sa visite à l'île de Cythère.

l'amante grandit dans l'imagination du poète, avec la distance qu'il met à fuir son souvenir.

Les nombres et le somnambulisme s'associent dans son esprit autour de la même idée centrale: „l'existence et la réalité du monde invisible" [1]. Cet amour qu'il incarne successivement dans des femmes diverses, ayant pourtant des traits ressemblants, c'est en somme le culte platonicien de la femme idéale.

Enfin il vient en Orient avec l'idée de la fatalité ancrée dans son coeur. L'Orient ne devait que la renforcer.

Le malheureux poète s'aperçoit sur le tard qu'il a beau se fuir; son mal, il le porte avec lui, comme ce „vautour intérieur" de Vigny. Il se retrouve partout avec les multiples formes de son tourment.

Le vers d'Horace: „Eheu, fugaces, Posthume...!", qu'il „expliquait" autrefois, il le chante maintenant lui-même: le refrain d'une chanson grecque lui arrache ces quatre vers qui trahissent les mélancolies de la jeunesse enfuie:

„Le matin n'est plus, le soir pas encore;
Pourtant de mes yeux l'éclair a pâli,
Mais le soir vermeil succède à l'aurore
Et la nuit, plus tard, amène l'oubli" [2].

„Triste consolation", ajoute-t-il, „que de songer à ces soirs vermeils de la vie et à la nuit qui les suivra."

Devant les aspects désolants de mort en Egypte, il donne, plus encore qu'en Allemagne, libre carrière à son imagination. Les images sombres abondent.

„Le soleil noir de la mélancolie qui verse des rayons obscurs sur le front d'ange rêveur d'Albert Dürer, se lève aussi parfois aux plaines lumineuses du Nil, comme

---

[1] P. Audiat, liv. cité, p. 87.

[2] *Voyage en Orient*, I, *Le Prisonnier*.

sur les bords du Rhin, dans un froid paysage d'Allemagne" [1].

L'Egypte, ce vaste tombeau, l'invite à penser, d'une façon constante, au voyage d'outre-tombe. Ses yeux croient distinguer „des ombres drapées de linceuls bleuâtres parmi ces débris" [2].

Le Caire, „ville des tombeaux", gît sous la cendre et la poussière; c'est une „région de la mort". Les palais que l'on y a construits „n'ont jamais servi qu'à recouvrir des cercueils" [3].

„On comprend alors cette mélancolie profonde de la vieille Egypte, cette préoccupation fréquente de la souffrance et des tombeaux, que les monuments vous transmettent [4]." Pour Gérard le culte fervent des morts est une forme du sentiment du passé; chez les Egyptiens c'est un des traits permanents de la race. Aussi, le poète ne tarit-il pas contre l'impiété des savants profanateurs: „Comment cette foi consolante et invincible de tant de générations accumulées n'a-t-elle pas désarmé la sotte curiosité européenne? Nous respectons les morts d'hier. Mais les morts ont-ils un âge [5]"?

La pyramide de Chéops marque la seconde étape de son pèlerinage. Il se sent écrasé par tout le passé exprimé dans les monuments funéraires de „ce peuple mystique qui avait renoncé au monde extérieur" [6].

Dans le mythe d'Isis, Gérard reconnaît le symbole que l'allégorisme alexandrin attribue au livre de la

---

1 *Voyage en Orient,* I, p. 81.
2 *Ibid.,* p. 34.
3 *Ibid.,* p. 192.
4 *Ibid.,* p. 81.
5 *Ibid.,* p. 155.
6 *Ibid.,* p. 186.

Genèse[1]. Aspirer toujours vers un bonheur perdu, surmonter les plus rudes épreuves en guise d'expiation, descendre jusque dans la mort, s'il le faut, pour mériter de nouveau l'objet du bonheur, le perdre finalement d'une façon définitive et se contenter du rêve et de l'extase,— voilà de quoi tenter un mystique comme Nerval.

De plus, dans ces mythes, ne voit-il pas sa propre histoire d'amour avec son dénouement tragique? Ne doit-il pas descendre lui-même chez les ombres, pour rejoindre Aurélia? Et l'expiation à laquelle est voué Orphée, n'est-ce pas aussi son lot, à lui? Soumis, résigné, sentant sa vie réglée d'avance, il plie devant l'inexorable: „Le sort a décoché sa flèche; c'est fait de moi; je suis passé'[2], sont les paroles par lesquelles il exprime la résignation de l'Orient qui s'en va.

Mais aussitôt sa pensée s'élève jusqu'aux considérations sur l'oubli et la mort des religions, problème qui avait déjà intéressé quelques esprits libres.

Volney (1791) et Dupuis (1795)[3] expliquaient le phénomène religieux par la curiosité et la crainte éprouvées devant les forces cachées de la nature. Sous des aspects variés, on découvrait la même inquiétude humaine s'incarner dans des figures de dieux, tour à tour enfantés et renversés.

Creuzer avait donné une forme précise à ce mouve-

---

[1] Philon le Juif, *Commentaire allégorique des saintes lois,* trad. Bréhier. 1909. C'est toujours à Philon que Gérard doit l'idée de la fusion du l'esprit oriental et occidental.

Les mystères d'Éleusis et l'orphisme lui-même ne sont que des reprises du thème allégorique de la Genèse (A. Marie, liv. cité, p. 193).

[2] *Voyage en Orient*, I, p. 192.

[3] Ouvrages cités plus haut, *L'initiation illuministe*.

ment[1]. Gérard de Nerval a connu ou, tout au moins, feuilleté sa **Symbolique,** dont il se réclame et dont il a gardé certainement l'esprit. D'où, ce **syncrètisme** religieux, proclamé dans Isis.

Benjamin Constant[2] reprend l'idée et prêche la tolérance pour tous les cultes. Si le sentiment religieux, —sentiment de l'infini, en dernière analyse,— est un et indestructible, les expressions religieuses sont diverses et périssables[3].

Il appartenait à Edgar Quinet[4] de préciser l'esprit des recherches en cette matière, „L'homme poursuit l'infini d'une poursuite éternelle", dit-il. „Dans ce pèlerinage à travers les cultes du passé, errants d'autel en autel, nous n'irons pas railler la misère des dieux abandonnés; au contraire,... nous chercherons dans cette poussière divine, s'il ne reste pas quelque débris de vérité"[5].

Il est très probable que Gérard a connu ces idées, en vogue vers cette époque (1843). Avant L. Ménard et Leconte de Lisle, il prétend être une sorte de „païen mystique" et se flatte d'avoir „dix-sept religions" à la fois. Son article **Isis,** publié pour la première fois en 1845[6], compte dans l'orientation de la pensée religieuse de Leconte de Lisle[7]: avant

---

[1] Creuzer, *Les religions de l'antiquité considérées principalement dans leurs formes symboliques et mythologiques,* 8 vol., 1810-1812, trad. 1825-1849, par I. D. Guigniaut, sous le titre de *Symbolique.*

[2] B. Constant, *De la religion considérée dans sa source, ses formes et son développement,* 1841.

[3] Ed. Estève, *Leconte de Lisle, Les Dieux,* p. 78, Boivin, 1923.

[4] Edgar Quinet, *Le Génie des Religions,* 1841.

[5] Cité par E. Estève, liv. cité, p. 79.

[6] *La Phalange,* 1845.

[7] Ed. Estève, liv. cité, pp. 79, 80.

l'„école païenne" Gérard parle déjà des „religions du désespoir" succédant aux „religions de vie du paganisme"[1].

Il accorde une part égale aux diverses conceptions religieuses dont l'humanité a vécu. „Toutes ont été vraies à leur heure, puisqu'elles étaient les formes idéales de ses rêves et de ses espérances[2]"

La détresse des dieux morts prend chez Gérard un aspect double, poétique et philosophique. La civilisation a refroidi les âmes et a chassé les dieux. „La terre est morte, morte sous la main de l'homme et les dieux se sont envolés"[3]. Le ton sur lequel il pleure la mort des dieux anticipe ces belles paroles de L. Ménard: „Un peuple qui a renié ses dieux, est un peuple mort"[4].

Ce qui frappe surtout l'imagination de l'auteur du „Voyage", c'est le moment où les dieux païens en viennent aux prises avec un nouveau dieu[5]. Ce drame de la mort des dieux, poignant en lui-même, est dramatisé à souhait. Tout son **Voyage en Orient** est une véritable mise en scène de cet aspect tragique de l'histoire des religions. Il se demande si „les splendeurs et les croyances de l'Islam repeupleront suffi-

---

[1] *Isis ou l'Iseum, souvenirs de Pompei, la Phalange*. 1845.

Il ne vent pas entrer dans une église chretienne, après avoir respiré le souffle puissant du paganisme: „Je n'exposerai pas à l'ombre mon corps tout échauffé des feux divins, qui ont survécu à sa gloire. Arrière, souffle du tombeau" (*Voyage en Orient*, I, p. 28).

[2] Gérard de Nerval, *Isis*.

[3] *Voyage en Orient*, I, pp. 2, 3. Voir également, *ibid.*, p. 26.

[4] L. Ménard, *Rêveries d'un païen mystique: Le voile d'Isis*.

[5] Voyage en Orient, I, p. 20.

samment la double solitude du désert et des tombes, ou s'il faut pleurer encore sur un poétique passé qui s'en va"[1].

Et, comme toujours, son roman d'amour vient s'enchevêtrer avec ses préoccupations d'ordre religieux. Il croit retrouver son amour perdu dans la fille du cheik druse: la femme idéale „s'était réalisée" pour lui: „tout le reste était oublié"[2].

L'idée du fatalisme est maintenant plus que jamais ancrée dans son coeur. Tout obéit, selon lui, à un plan bien arrêté auquel il est vain de s'opposer. „Il était écrit de tout temps"[3] qu'il devait retrouver son bonheur en Syrie. Ce pays, qui a ranimé toutes ses forces, le rajeunit et lui rend l'espoir.

Mais les déceptions ne tardent pas à le poursuivre. Lorsque, après un présage funeste, son rêve d'amour s'évanouit et tout se brise, il se reproche de „s'être pas contenté de l'illusion[4]. Et le désenchantement continue: „Ainsi s'évanouit cette vision enchanteresse d'Egypte, où l'avait mené un grand espoir: une illusion de plus à ensevelir"[5]. Les images de deuil l'accompagnent: il emporte le souvenir douloureux de deux affections: „un ami, une femme, l'un séparé de lui par la tombe, l'autre à jamais perdue[6].

*

Le dogme ésotérique des Druses le confirme dans ses idées[7]; il y trouve la transfusion des âmes et le

---

[1] *Ibid.*, p. 118.

[2] *Ibid.*, p. 328.

[3] *Ibid.*

[4] *Ibid.*, p. 408.

[5] A. Marie, liv. cité, p. 196.

[6] *Voyage en Orient*, I, *Saléma*.

[7] Le *Voyage en Orient* de Lamartine a pu renseigner Gérard sur les Druses. En effet, dans le 2-ème vol. (Le-

même mysticisme pythagoricien. Le caractère fermé de la doctrine le fascine par sa devise sévère: „La plume est brisée, l'encre est séchée, le livre est fermé"[1]. Il aspire, lui aussi, à un degré supérieur d'initiation dans cette religion[2] qu'il considère comme un syncrétisme de toutes les religions et de toutes les philosophies antérieures. Lorsque le scheik, avec son arrêt: „tout est dit pour l'éternité", refuse à Gérard l'initiation,— il était trop tard pour revenir sur sa vie et mériter ainsi la grâce divine,— une grande désolation l'envahit: la devise druse deviendra une véritable idée fixe pour son esprit troublé.

Sous l'action du haschich[3], Youssouf a des visions comme Gérard: tout un passé qu'il croit avoir vécu surgit au premier plan de sa conscience. A l'apparition de sa bienaimée, il s'écrie: „Ce n'est pas un pur rêve. Le haschich n'avait fait que développer un souvenir enfoui au plus profond de mon âme, car ce visage m'était connu. Dans quel monde nous étions-nous ren-

---

merre, 1887), le chapitre consacré aux Druses parle de leur religion comme d'„un mystère que nul étranger n'a jamais pu percer". Enfin les détails ne manquent pas sur les initiations, les rites de la mort et la transmigration des âmes; Lamartine mentionne déjà le caractère de syncrétisme de cette religion.

[1] *Voyage en Orient,* I, *Histoire de Hakim.*

[2] A l'histoire de Hakim racontée par Silvestre de Sacy dans sa *Religion des Druses* (1838) Gérard ajoute des éléments subjectifs comme l'épisode où Hakim croit voir son double, les „paradis artificiels" créés par le haschich et le personnage de Yousouf (cf. Audiat, liv. cité, p. 62).

[3] „Le haschich rend pareil à Dieu", dit Yousouf (*Voyage,* I, p. 343), et Gérard fait l'apologie de l'ivresse de haschich, source d'inspiration, de révélation et de délivrance. Ce sont les sensations extatiques éprouvées par lui lorsqu'il se livrait à son rêve à l'état de veille, moyens différents pour fuir la réalité.

contrés? Quelle existence antérieure nous avait mis en rapport?" [1].

Dans les paroles adresséées par Youssouf à son amante, apparaît la conception de l'amour de l'auteur: la passion revêt le même caractère fatal; les amants sont unis depuis toute une éternité [2].

Hakem arrive à douter de lui-même, comme „le Fils de l'homme au mont des Oliviers". Gérard est ému par la passion du calife, analogue aux souffrances du Christ: „et je déplorais ce destin qui condamne les prophètes, les réformateurs, les Messies à la mort violente et, plus tard, à l'ingratitude humaine"[3]. Hakem a une vision, avertissement céleste, qu'il prend pour son „double" et lui annonce la mort, suivant les superstitions orientales. „L'ombre force le corps à la suivre dans le délai d'un jour"[4].

Ce qui le frappe à Constantinople [5], c'est la gaieté autour des tombeaux. Les champs des morts abondent, mais on n'y trouve pas la désolation chrétienne [6].

---

[1] *Voyage en Orient,* t. I, *Histoire du Calife Hakem,* p. 344.

[2] *Voyage en Orient* I, pp. 345-346.

[3] *Ibid., Histoire du calife Hakem.*

[4] *Ibid.,* p. 375.

[5] John Alfred (ouvr. cité, p. 133) compare l'attitude de Nerval au cours de ce voyage à celle de Loti dans ses livres sur l'Orient. Ce sont deux esprits très différents; ce que Loti gagne en profondeur d'émotion, devant l'éternel écoulement des choses, Gérard le recouvre bien par l'étendue des préoccupations et par la richesse de la gamme émotionnelle.

[6] „ Cette terre où l'on n'a qu'à choisir entre les tombes et les ruines. Tout m'accable à la fois " *(Voyage en Orient,* I, p. 430). Les coiffures qui surmontent les pierres tombales lui „donnent l'illusion de marcher à travers une foule pétrifiée" *(ibid.,* p. 160).

„La mort elle-même prend un air de fête[1]." „La mort est un événément heureux pour celui qui a conquis la béatitude éternelle". Ce thème funèbre revient dans l'invocation de Byron devant le panorama de Scutari [2]: Gérard y rejoint sa souffrance.

La religion musulmane et les derviches surtout l'intriguent par leur extase et par leurs „visions béatifiques" d'inspirés. „Dieu se leur révèle par des rêves sublimes, avant-goût du paradis"[3]. Les cérémonies funèbres musulmanes lui rappelle celles des Egyptiens et les instructions qu'on done aux morts, pour l'interrogatoire qu'ils auront à subir au jugement dernier, lui font penser au **Livre des Morts dés Egyptiens, qui accompagnait le corps du défunt.**

La transposition des plus chères idées de l'auteur dans le cadre oriental d'un conte fantastique, comme **l'Histoire de la Reine du matin et du Roi Soliman,** est, pour un poète qui est la discrétion même, un admirable moyen de dépister les lecteurs.

En matière de religion, la pensée d'Adoniram [4] continue celle de Gérard. D'où la portée philosophique du conte. L'architecte de génie est pénétré de „la faiblesse des races énervées et dégénerées" et de „la fragilité des oeuvres humaines, dont il ne reste que le vague souvenir" [5]. Et les mots de l'Ecclésiaste qui valent au Roi-philosophe les railleries de la Reine Balkis:

---

[1] *Ibid.*, II, p. 10.

[2] „O Scutari, tes maisons blanches dorment sur des milliers de tombes, tandis qu'au-dessus d'elles on voit l'arbre toujours vert, le cyprès grêle et sombre, dont le feuillage est empreint d'un deuil sans fin, comme un amour qui n'est pas partagé" (cité par Gérard de Nerval, *ibid.*, II, p. 74).

[3] *Ibid.*, II, pp. 72, 73.

[4] Voir plus haut, *Le milieu romantique*.

[5] *Voyage en Orient*, II, p. 80.

„Vanité, vanité!" reviennent comme un „leit-motiv" sur les lèvres d'Adoniram. Pour s'instruire dans son art, l'artiste interroge souvent le passé. Le culte fervent des monuments anciens, l'étude „des villes ensevelies dans un linceul de sable, spectres d'une société morte", donnent à l'artiste la tradition de son art [1].

En rêve, „la mort libératrice" vient chercher Adoniram accablé par l'essai malheureux de couler sa „mer d'airain". Il se sent „soulagé d'un poids accablant qui toujours l'avait courbé dans la vie" [2]. La mort de la nature et de l'homme lui apparaît comme une grâce accordée par Adonaï, pris de pitié pour les larmes des génies du feu [3].

La mort lui ouvre de monde des ombres. C'est une „descente aux enfers" [4], dont les visions s'inspirent de Virgile, de Dante et plus directement du **Livre d'Hé-**

---

[1] *Ibid.*, II, pp. 103, 104.

[2] *Ibid.*, p. 132.

[3] *Ibid.*, p. 133.

[4] Il y a un symbole dans cet épisode,— mis peut-être à dessin sous forme de rêve,— qui vient s'ajouter au thème dantesque: c'est un trait bien romantique que cette âpre poésie des choses passées qui console, instruit et rend plus fort.

Il en est de même de son messianisme, force qui domine et isole à la fois,— thème si cher à Vigny,— dont les préoccupations offrent plus d'un point de rapprochement avec celles de Gérard.

Même si l'on admet que nous n'avons là qu'un thème littéraire emprunté, un cadre tout fait, le symbole et la signification n'en subsistent pas moins. Tous les détails répondent à des préoccupations constantes du poète. Le fait même que ce cadre d'une descente aux Enfers revient tant de fois dans ses écrits en est une preuve. Il l'a utilisé dans *Aurélia* (1-ère partie, ch. IV et 2-ème partie, ch. II), où il rejoint son amante parmi les ombres.

noch"[1]. Des personnages mythiques marquent des étapes du „mal moral", lot de l'humanité: c'est le dogme de la rédemption de l'homme déchu par sa faute.

Ici Gérard brosse un saisissant tableau de la terreur de la mort qui menace Tubal-Kaïn:... „ma vigueur expire, mes jambes fléchissennt, la nuit m'environne, un noir frisson s'empare de moi..., je sentais mon agonie et je compris que mon heure était venue. Par un suprême instinct de conservation, je voulus fuir[2]."

Kaïn, incarnation du mal moral romantique, se confesse: c'est lui qui a enseigné le meurtre aux hommes; sa vie en est l'expiation[3]. A l'injustice divine, il a répondu par le défi jeté aux Cieux[4].

Enfin Tubal-Kaïn explique à Adoniram pourquoi le Dieu jaloux a toujours repoussé les grands hommes, des maudits, des démons, des esprits du mal[5], et pourquoi il a condamné la race humaine. En effet, Adoniram subit déjà cette condamnation pour avoir défié les forces divines, avec son satanisme byronien[6]: „Je taillerais la tête monstrueuse d'un sphynx qui sourit et fixe un regard implacable sur le ciel: Jéhovah pâlirait"[7]. Son ancêtre le pousse à une attitude héroïque devant le sort. „Subis ta destinée, porte-la d'un front imperturbable et que le Dieu vengeur soit atterré

---

[1] P. Audiat, liv. cité, p. 61.

[2] *Voyage en Orient*, II, p. 140.

[3] Adam sommeille sous son linceul. Sa tombe est encore tourmentée par le crime de son fils, auquel il ne pardonne point, au grand désespoir de Kaïn. Adam ne doit se relever qu'au dernier jour du monde. „Sa tombe captive contient notre rançon" (*ibid.*, p. 135).

[4] *Ibid.*, p. 136.

[5] *Ibid.*, p. 142.

[6] *Ibid.*, p. 128.

[7] *Ibid.*, p. 81.

de sa constance[1]. Comme Gérard, Adoniram se plait dans le rêve et craint le réveil. Le rêve fini, il implore son ancêtre de le ramener aux enfers: „Conduis-moi dans le fond des abîmes. La terre cachera mon opprobre [2].“

Mais il doit, comme Moïse, mener son calvaire jusqu'au bout. Il souffre trop et la société des humains lui est odieuse [3]. „Indépendant par nature, solitaire par vocation, indifférent aux hommes, pour lesquels il n'est point né” [4], il trouve son seul moment de bonheur terrestre dans l'amour de la Reine de Saba, qui prend la signification d'une rédemptrice pour Adoniram.

Adoniram, bien qu'investi de puissance magique, ne s'appartient pas. Il doit accomplir, lui aussi, sa destinée [5]. Il tombe victime d'une vengeance, abattu par des maçons dont il était le chef [6]. „Il n'occupera pas dans la tombe un plus vaste espace que toi”, ricane un meurtrier à ses compagnons [7].

Le récit de la fin de Soliman prend chez Gérard le ton d'une satire amère contre les prétentions d'immortalité des grands hommes [8]. „Mais comment la sagesse humaine, dans ses limites bornées, pourrait-elle accomplir l'infini?”, exclame-t-il. Soliman devait périr comme tout autre mortel.

*

---

1 *Ibid.*, p. 113.
2 *Ibid.*
3 *Ibid.*, p. 151.
4 *Ibid.*, p. 165.
5 *Voyage*, II, p. 168.
6 M. P. Audiat indique l'origine des sociétés maçonniques dans le meurtre d'Adoniram. Elles ne poursuivraient que la vengeance d'Adoniram, leur premier organisateur (ouvr. cité, p. 158).
7 *Voyage*, II, p. 178.
8 *Ibid.*, pp. 177-188.

Cette revue des religions orientales l'amène à une tolérance complète: „Je me suis senti païen en Grèce musulman en Egypte, panthéiste au milieu des Druses et dévôt sur les mers aux astres-dieux de la Chaldée; mais, à Constantinople, j'ai compris toute la grandeur de cette tolérance universelle" [1]. „La parole de Dieu est bonne dans toutes les langues [2]."

Et il rentre en France: „Triste impression! Je regagne le pays du froid et des orages et déjà l'Orient n'est plus pour moi qu'un de ces rêves du matin auxquels viennent bientôt succéder les ennuis du jour" [3].

Dans une lettre adressée à Gautier [4], il déplore la perte de ses rêves, dont la réalisation est en même temps la mort: „...bientôt je ne vais plus savoir où réfugier mes rêves. Mais c'est l'Egypte que je regrette d'avoir chassée de mon imagination, pour la loger tristement dans mes souvenirs" [5].

Dans ses impressions, c'est toujours le rêve qui aura le dessus: „Mais c'est à cette Egypte-là (à celle du rêve) que je crois, et non pas à l'autre;.... le meilleur de ce qu'on y trouve, je le savais déjà par coeur" [6].

Ainsi, pour lui, ce qui passe, meurt. Ses souvenirs ne sont qu'un vaste cimetière, où il aime pourtant retremper son âme: il s'en dégage „une pensée douce et triste" [7].

---

[1] *Ibid.*, p. 213.

[2] *Ibid.*, p. 214.

[3] *Ibid.*, p. 213.

[4] *Ibid.*, p. 327.

[5] *Ibid.*

[6] *Ibid.*, p. 329. Et ailleurs : „Ainsi pour moi déjà bien des contrées du monde se sont réalisées et le souvenir qu'elles m'ont laissé est loin d'égaler les splendeurs du rêve qu'elles m'ont fait perdre" (*ibid.*, p. 414).

[7] *Voyage*. II. *Lorely*, p. 531.

Il a saisi le lien qui fait l'unité des religions mystiques. *Isis*[2] contient un exposé net de son syncrétisme.

Le culte d'Isis était venu à Pompéi en lutte avec le christianisme naissant; les rites du culte rappellent à Gérard les cérémonies et les mystères des Cabires et les dieux grecs d'Eleusis. Devant le temple d'Isis, il est pris d'une émotion presque religieuse. La contemplation du passé aboutit à l'idée que toutes les religions sont périssables: le Christ, à son tour, devait subir le même sort. „Les mortels en sont-ils venus à repousser toute espérance et tout prestige et, levant ton voile sacré, déesse Isis!, le plus hardi de tes adeptes s'est-il donc trouvé face à face avec l'image de la mort[2]?"

Alors rien ne dure; toute croyance est condamnée à mourir dès sa naissance. „Ne serait-il pas plus consolant de tomber dans l'excès contraire et d'essayer de se reprendre aux illusions du passé[3].?" Ressusciter le passé,— idée si chère à Gérard,— lui semble maintenant le salut de l'esprit humain désemparé.

Il constate qu'en effet, Vénus, Cybèle, Uranie, Isis ne sont que des étiquettes différentes mises sur la même création de l'esprit religieux des humains. Mais Isis les résume toutes et s'identifie au Ciel. Les dieux et les déesses se confondent en elle. L'univers a adoré en elle, sous mille formes, „l'unique et toute puissante divinité".

Gérard émet l'hypothèse que la dévotion exclusive à la Vierge serait une trace de ce culte de la déesse, et il croit que le christianisme a fait de nombreux emprunts au paganisme,— idée démontrée depuis par

---

[1] *Les Filles du feu, Isis ou l'Iseum, Souvenirs de Pompei,* 1867.

[2] *Ibid.*

[3] *Ibid.*

la critique de Strauss et de Renan; il en cite quelques-uns et conclut à l'idée du syncrétisme religieux.

4. Nouveaux refuges.

a) *Les „Illuminés“.*

L'amélioration de la santé de Gérard après son voyage en Orient est superficielle et de courte durée. Il travaille beaucoup, mais toujours en quête d'une expression indirecte de lui-même. Se retrouver dans d'autres esprits, n'est-ce pas rassurant pour un inquiet comme Gérard, doutant de lui-même et voulant toutefois convaincre les siens qu'il n'a rien perdu de son talent? Pour se réhabiliter à leurs yeux et pour faire „bonne figure d'orientaliste“[1], il fouille un peu partout avec une curiosité infatigable. La rédaction du „Voyage en Orient“ maintient cet état d'hypnose.

Par une sorte de retour sur ses propres états d'âme il est amené à composer cette fresque des „Illuminés“; ses obsessions s'y trouvent engagées plus d'une fois. Ces „excentriques de la philosophie“ offrent un terrain vivant d'étude.

A lire certaines pages des **Confidences de Nicolas** de Restif de la Bretonne[2], on dirait une fidèle autobiographie de Gérard de Nerval[3]. Une même enfance merveilleuse passée parmi des ruines dans la compagnie de nombreuses petites filles rapproche les **Confidences** de **Sylvie**. La même fatalité pèse sur les deux existences. Comme Nerval déplore dans les **Cydalises** la mort des amantes, Restif s'écrie à la mort

---

[1] P. Audiat, ouvr. cité, p. 61.

[2] *Les Illuminés, Les Confidences de Nicolas*, p. 22.

[3] Voir plus haut, pour sa conception de l'amour et la métempsychose, les chapitres *Initiation illuministe* et *Les Amours*.

de la belle Guéant: „Morte comme cette autre, si belle et plus aimante... et tout ce que j'aimais est ainsi dans le tombeau"[1].

Restif aussi „croit sentir le néant de la mort et de la vie et cède à la voluptueuse tristesse que les Romains se plaisaient à exciter dans les festins". Il se sent glisser, malgré lui, sur la pente du vice. „Ah! si l'on pouvait arrêter l'aiguille et la reporter en arrière[2]!" Le vice l'avilit; les remords et l'idée de l'expiation le torturent, surtout après la mort de sa bienaimée[3]. Une lutte ardente se livre entre son être matériel et ses espoirs d'immortalité: „l'homme ignore tout sur l'au-delà,— au contraire, l'âme dégagée se ressouvient de tout ce qui lui est arrivé, non seulement dans sa dernière vie, mais dans toutes ses existences spirituelles". Mais ce sont les idées matérialistes qui l'emportent, en lui faisant oublier jusqu'aux scrupules de son éducation chrétienne. Avec l'âge les douleurs s'aggravent et ressuscitent par surcroît celles du passé: „L'avenir l'épouvante et il se cramponne au passé, pour tenter de ne pas mourir; il veut recommencer la vie"[4].

Les mêmes remords et les mêmes souffrances font expier à Restif sa vie de débauche et à Gérard sa jeunesse gaspillée. „L'Enfer existait déjà pour lui sur la terre et la mort le renverrait pur et suffisamment éprouvé dans le sein de l'âme universelle"[5] dit le poète de son devancier.

---

[1] *Les Illuminés, Les Confidences de Nicolas.*
[2] *Ibid., L'Etoile de Vénus,* p. 62.
[3] Voir *Aurélia,* 2-ème partie.
[4] *Les Illuminés. Confid. de Nicolas. Sura,* p. 100.
[5] *Ibid., Mariage de Restif.* p. 121.

Enfin Restif lui-aussi use des mythes orphiques [1] et revient sur le tard aux idées chrétiennes.

Il est évident que l'autobiographie romancée de Restif a largement inspiré Gérard. Il n'est pas jusqu'aux idées philosophiques adoptées qui ne soient pareilles: dépourvus tous les deux d'un esprit de discernement très sûr, ils se laissent entraîner tour-à-tour par l'épicurisme, le stoïcisme, le néoplatonisme, le panthéisme.

Avec Jacques Cazotte, Gérard revient à Apulée et à l'allégorisme religieux impregné des croyances de l'Orient. Ils ont comme trait commun le goût du merveilleux allégorique, le mysticisme néoplatonicien. Pour raconter la vie de Cazotte, il remonte aux premiers germes de l'occultisme et de la Cabale et poursuit le mouvement des initiations jusqu'au dix-neuvième siècle.

C'est là que Gérard se définit lui-même, en essayant d'analyser l'esprit d'Apulée: Initié au culte d'Isis, illuminé païen, sceptique et crédule à la fois, „cherchant sous les débris des mythologies qui s'écroulent les traces des superstitions antérieures ou persistantes, expliquant la fable par le symbole et le prodige par une vague définition des forces de la nature" [2].

Cazotte a pu lui enseigner la grande place qu'il faut accorder dans la vie au monde invisible: „Nous vivons tous parmi les esprits de nos pères",—dit-il,—„le monde invisible nous presse de tous côtés..., je ne sais pas toujours distinguer au premier moment ceux qui vivent dans leur chair de ceux qui en ont dépouillé les apparences grossières..., je ne pouvais plus distinguer entre la vie et la mort" [3]. Et dans la préface du **Diable**

---

[1] „Epousons-nous pour mourir ensemble", dit-il à sa bien-aimée (*ibid.*, p. 125).

[2] Préface du *Diable amoureux* de Cazotte, 1845.

[3] Paroles attribuées à Cazotte (Préface du *Diable amoureux,* 1845).

amoureux il exalte la beauté des révélations que les hommes reçoivent du Divin[1].

Dans Quintus Aucler, l'auteur de la **Thréicie**, Gérard de Nerval voit le seul qui, après Jean Jacques Rousseau, ait touché „les grands mystères de l'âme humaine et qui ait un profond sentiment religieux". Notre poète est un de ceux que le désarroi moral du lendemain de la Révolution a fortement ébranlé. „Il y a, certes", dit-il, „quelques chose de plus effrayant dans l'histoire des peuples que la chute des empires,— c'est la mort des religions...[2], avec le scepticisme de notre époque, on frémit parfois de rencontrer tant de portes sombres ouvertes sur le néant".

Aucler oppose la beauté robuste des dieux grecs à l'esprit morbide des „religions du désespoir". Dernière forme des religions révélées, syncrétisme lui-aussi, le christianisme subit déjà des éclipses.

Ce n'est point que Gérard prêche, comme Aucler, l'abandon du christianisme et le retour aux dieux de l'Hellade. La personnalité puissante et si humaine du Christ mérite qu'on s'y attache[3].

L'Eglise chrétienne a fait des emprunts au néoplatonisme alexandrin, par suite du contact prolongé à l'époque des croisades et le résultat immédiat de cette transfusion fut l'ordre des Rose-Croix, dont Gérard se

---

[1] *Ibid.*

[2] Faisant allusion à la profanation des tombes royales de St. Denis pendant la Révolution, il dit: „Prenons garde au souffle malsain qui sort des tombes féodales, où tant de rois sont entassés. Un siècle mécréant les a dérangés de l'éternel repos." *(Les Illuminés, Quintus Aucler, St. Denis,* p. 239).

[3] Là encore, Gérard fait preuve d'une très large interprétation. D'après lui, le ricanement de Byron appartient encore au sentiment religieux, comme l'impiété matérialiste de Shelley *(ibid.).*

réclame, pour justifier la demande en mariage de la fille du scheik druse.

Aucler voulait ressuciter le culte des grandes civilisations mortes et mettre en valeur le spiritualisme élévé des religions païennes. Sa Thréicie dénonce les côtés faibles du christianisme qu'il démolit impitoyablement.

L'auteur d'Isis se range à côté de lui surtout dans l'exposition du système néoplatonicien, d'après la version de Philon le Juif, que le poète a pu connaître dans les leçons que lui consacra Cousin entre 1815 et 1820 à la Sorbonne [1].

Le but de l'homme est la régénération morale, qu'il obtient à force de contemplation, de méditation et d'extase et la réunion dans le principe [2]. D'où l'idée panthéiste et spiritualiste; tout est dans tout. Il y a une correspondance absolue dans la marche des choses de la nature. La vie entretient son unité par la mort. Le grand Protée c'est le ferment universel qui nourrit la perpétuelle transformation des formes et des corps.

La voie est ouverte par là aux religions du néant, inspirées par les esprits maudits, comme Typhon, Civa, Ahriman et dans lesquelles on adore la mort comme force suprême. Les religions polythéistes, „régulières" sont préférables pour Quintus Aucler aux religions monothéistes, barbares et destructrices. Et dans son système de restauration païenne les portes sont largement ouvertes à tous les dieux.

Gérard accorde pourtant une place à part à Jésus; sa passion, don fait à l'humanité, rappelle les épreuves d'initiation et d'épuration. La mort, que tous les initiés

---

[1] V. Cousin, *Cours d'histoire de la philosophie.*

[2] Voir *Aurélia*, 2-ème partie, ch. VI.

devaient braver et traverser, il la supporte, à lui seul, pour tous les mortels, en holocauste.

M. A. Marie remarque dans l'esprit de Gérard, vers cette époque, après 1843, l'apparition d'une „Muse nouvelle"[1].

Sa „descente aux enfers" et ses initiations en Orient, après l'avoir obligé à des refoulements douloureux, font vibrer en lui maintenant une corde infiniment plus profonde et autrement sonore. Sa voix semble venir d'un autre monde et dire le fruit de l'expérience mystique de l'humanité. De là, cet „accent d'oracle", voisin du mystère et de l'inconscient qui cadre si bien avec la pensée ramassée dans ces suggestifs sonnets: le Christ aux Oliviers et les Chimères.

Ce n'est point par hasard que Gérard de Nerval est tombé sur le **Songe** de Jean Paul Richter[2]. La mort des dieux, la „crucifixion", est un motif, qui, depuis son **Voyage en Orient**, a fait l'objet de maints développements: **Isis** et **les Illuminés**, notamment.

Quant à la personnalité du Christ, dans **Isis**, déjà, il l'avait présenté tout aussi désolé, mais plus humain que celui de Jean Paul.

Le fantastique du **Songe** ne pouvait passer inaperçu au temps des romantiques. M. F. Baldensperger a fait l'historique du thème[3] et a relevé les nuances d'inter-

[1] A. Marie, liv. cité, p. 217.

[2] Le *Songe* est construit sur la croyance que les morts sortent des tombeaux à minuit. Le poète rêve qu'il se réveille la nuit, au milieu d'un cimetière. Le Christ paraît et, pressé de questions, répond aux morts sortis de leurs tombes qu'il n'est plus de Dieu. Les enfants reçoivent la même réponse et tout l'univers s'écroule.

Ce sujet servit à Gérard de modèle pour son *Christ aux Oliviers*.

[3] F. Baldensperger, *A. de Vigny, contribution à sa biographie intellectuelle, Le „Songe" de Jean Paul dans le romantisme français*, Paris, 1912.

prétation chez les auteurs qui l'ont repris: Nodier, Balzac, Gautier, Ballanche, Quinet, Gérard de Nerval, A. de Vigny [1]. Mais Gérard et Vigny sont les seuls qui donnent des oeuvres entières, bâties sur le modèle allemand.

Le premier développe le thème dans cinq sonnets [2], auxquels il donne comme épigraphe les paroles de Jean Paul: „Dieu est mort! Le Ciel est vide.... Pleurez enfants! vous n'avez plus de père".

M. Baldensperger remarque le réalisme puissant du Christ aux Oliviers [3].

Nous doutons que le poète eût pris plaisir à reprendre ce tableau macabre [4] de Jean Paul, si ce décor ne lui eût pas servi de cadre à un développement philosophique.

Dès le premier sonnet, „Gérard donne au poème une dérivation mythologique, orphique, au sens d'ésotérisme religieux, qui l'écarte de la donnée primitive". Le rêveur des **Chimères** ne laisse pas l'angoisse de l'abandon, ni le problème du mal s'installer au coeur de son poème, et „c'est plutôt le rattachement de Jé-

---

[1] *Le Mont des Oliviers* de Vigny cadre bien avec son pessimisme philosophique: le drame du Fils abandonné par le Père et le silence gardé par celui-ci confirment le poète dans son attitude hostile à la divinité.

[2] *Le Christ aux Oliviers*, *L'Artiste*, 31 mars 1844.

[3] F. Baldensperger, liv. cité.

[4] „Toutes les tombes étaient entr'ouvertes et les portes de fer de l'église, agitées par une main invisible, s'ouvraient et se refermaient à grand bruit. Je voyais sur les murs s'enfuir les ombres... L'atmosphère était lourde, étouffante. Les morts s'efforçaient de lire le temps sur le cadran de l'éternité, dont une main noire faisait lentement le tour" (trad. de M-me de Staël, *De l'Allemagne* t. II, chap. XXVIII, *Des Romans*).

sus à la série des demi-dieux sacrifiés que suggère l'ensemble de ses vers''[1].

Abîme! Abîme! Abîme!
„Le Dieu manque à l'autel où je suis la victime...
Dieu n'est pas! Dieu n'est plus!......

Mais les siens dormaient toujours, sourds à ces plaintes.

Dans le second sonnet, Gérard reprend l'idée de Jean Paul, avec les mêmes paroles parfois.

„Il reprit: Tout est mort! J'ai parcouru les mondes;
.......Mais nul esprit n'existe en ces immensités.
.....Tout est néant autour de lui.

La voix de la révolte éclate contre le Destin immobile „froide nécessité" qui tend à faire tout disparaître dans l'univers[2].

Nerval n'avait pas encore traité le problème de la

---

[1] F. Baldensperger, liv. cité.

[2] Dans son *Histoire de la philosophie allemande,* Barchou de Penhoen (2 vol., Charpentier, Paris, 1836, I, t. I, Livre III, Fichte) fait aboutir le système du „moi, créateur du non-moi" de Fichte au moment dramatique où, persuadé que rien n'„existe en soi", entouré partout de „néant, de silence, de solitude et de mort", on sent que l'existence n'est qu'„un fantôme tout prêt à disparaître à l'horizon de la pensée". L'auteur considère ce cauchemar de la pensée comme une réalisation du *Songe* de Jean Paul: le poème se termine, en effet, par l'écroulement universel, conséquence de l'absence de Dieu.

Il y a, d'autre part, un parallélisme de développement psychologique entre la marche raisonnée de la pensée du philosophe allemand et les tâtonnements instinctifs des recherches de Gérard. Ce que la science refuse à sa curiosité métaphysique, il le cherche, en mystique qu'il est, dans son propre „moi". Tout à ses chimères, il peuple la réalité extérieure des créations de son moi: chez Gérard aussi, „le moi crée le non-moi".

mort cosmique, entretenant l'évolution et la vie universelle; il enserre ici dans quelques vers toute une perspective de ce grand drame:

...Froide Nécessité!... Hasard qui, t'avançant,
Parmi les mondes morts, sous la neige éternelle,
Refroidis, par degrés, l'univers pâlissant,
Sais-tu ce que tu fais, puissance originelle,
De tes soleils éteints l'un l'autre se froissant?...
Es-tu sûr de transmettre une haleine immortelle,
Entre un monde qui meurt et l'autre renaissant? [1].

Jésus doute de son essence divine. Il invoque son père:

„As-tu pouvoir de vivre et de vaincre la mort?"

Mais il n'obtient aucune réponse. Alors, il exhale cette plainte désespérée dans la solitude:

„Car je me sens tout seul à pleurer et souffrir,
Hélas! et, si je meurs, c'est que tout va mourir!"[2].

Ses gémissements restent toujours sans écho. Jésus fait appel à Judas, „le seul éveillé dans Solyme", pour achever ses tourments. Mais celui-ci, déjà en proie aux remords, s'en va mécontent et pensif. Enfin, c'est sur un geste distrait de Pilate que l'on met fin aux souffrances de l'„insensé sublime" [3].

C'était bien lui, ce fou, cet insensé sublime...
Cet Icare oublié qui remontait aux cieux,
Ce Phaéton perdu sous la foudre des dieux,
Ce bel Atys meurtri que Cybèle ranime!
. . . .

„Réponds!, criait César à Jupiter Ammon,
Quel est ce nouveau dieu qu'on impose à la terre?
Et, si ce n'est un dieu, c'est au moins un démon....."
Mais l'oracle invoqué pour jamais dut se taire;

---

[1] *Le Christ aux Oliviers*, III.
[2] *Ibid.*
[3] *Ibid.*, IV.

Un seul pouvait au monde expliquer ce mystère:
— Celui qui donna l'âme aux enfants du limon [1].

Ainsi Gérard préfère garder le mystère autour du Christ et faire de lui un grand initié, un dieu meurtri, dont les épreuves éclairent l'humanité aveuglée et rachètent ses péchés. C'est de l'orphisme tout pur. Une fois de plus, la mort se présente à ses yeux comme une marche vers la lumière.

Vers cette même époque, il donne les premiers sonnets des **Chimères**, qui enchâssent une pensée hermétique [2], relevant du domaine de l'occulte.

Il s'y révèle déjà comme un „musicien du mystère".

Delfica, c'est l'espoir trompé de voir revivre la Sibylle et les dieux antiques:

Ils reviendront ces dieux que tu pleures toujours!
Le temps va ramener l'ordre des anciens jours,
La terre a tressaili d'un souffle prophétique.

Cependant la sibylle au visage latin,
Est endormie encor sous l'arc de Constantin;
— Et rien n'a dérangé le sévère portique.

Les quatre autres sonnets des Chimères, écrits plus tard, porteront des traces plus prononcées de la crise mentale.

b) *Restes de germanisme:* **„Faust"** et *Heine*

L'idée de composer un **Faust** n'avait jamais quitté Gérard de Nerval. C'est surtout celui des légendes

---

[1] *Ibid.*, V.

[2] De la préface écrite par Rémy de Gourmont pour les *Chimères*, nous détachons ces lignes suggestives sur la pensée de Gérard: „On vogue vers abîmes, porté par un Géryon, dont le maître d'une heure est un Dante hégélien et spinoziste. Là-bas, tout au fond du monde, il y a une pensée éternellement mourante, qui se dévore elle-même."

allemandes et celui de Klinger qui lui servent de point de départ; mais l'esprit dans lequel il entend travailler répète la conception du **Second Faust** de Goethe. Comme les deux auteurs allemands, il ramène à la vie terrestre les grandes beautés de l'antiquité. Mais, là où Goethe abolit le temps et l'espace et ou les images muent en symboles, Gérard introduit la transfusion des âmes dans le domaine du concret et du réel; cela répond à son amour insensé pour les fantômes du passé, Hélène, Cléopâtre, Aspasie, qui finit par effacer ses amours humaines.

Ce **Faust** n'est resté qu'à l'état d'ébauche, mais le poète construit sur les mêmes données **l'Imagier de Harlem.** Coster, idéologue poursuivant des chimères, mais incapable de rien réaliser, se laisse entraîner par des spectres séducteurs à travers le monde. Satan, pour arriver à ses fins, se charge d'entretenir cette illusion. La passion humaine de Coster pour Catherine finit en amour tragique de „rêve et de folie" pour les ombres du passé: Aspasie et Cléopâtre.

L'ombre poursuivie lui dit l'inanité de ses rêves et Gérard y laisse parler sa propre expérience; les rêves appartiennent à un autre monde; on ne les réalise jamais ici-bas et malheur à celui qui se laisse tromper par leurs aspects séduisants:

„Je ne serai jamais une fille des hommes;
Celui qui parle au spectre échappé du linceul
Se dit: Nous sommes deux, et pourtant il est seul!
......Tout ce que j'ai promis, jamais je ne le donne,
...Et qui veut me saisir, n'embrasse qu'un éclair [1].

Gérard a interprété à sa façon le génie allemand: le symbolisme philosophique de Goethe trouve là une

---

[1] *L'Imagier de Harlem*, cité par A. Marie, ouvr. cité, pp. 231, 232.

adaptation un peu spéciale; le poète n'emprunte à **Faust**, que la conception qui offre une issue à son angoisse d'amour.

Il n'en est pas de même avec Heine, le moins allemand des poètes d'outre-Rhin. Des affinités psychologiques évidentes rapprochent ces deux esprits, „désincarnés", nourris de rêve. C'est son propre génie qu'il définit dans le génie de Heine, lequel n'a pris du romantisme allemand que „le décor fantastique, les nébuleux paysages et la spiritualité panthéistique"[1].

On discerne chez les deux le même mélange d'ironie, d'amour et de tendresse douloureuse,— la même nature paradoxale, faite des contrastes les plus bizarres. Natures panthéistes, ayant subi, selon leurs propres paroles, „une longue série d'avatars"[2], ils ont des préoccupations assez rapprochées.

Si le poète allemand fut paralysé par la maladie, son ami le fut par sa tournure d'esprit, trop portée à la méditation, à la spéculation pure, Il aurait très bien pu exclamer comme Heine: „Je suis si mal dans mon lit! Oh! destinée! qui donc m'a condamné à ce rocher, moi qui ne suis pas Prométhée ?"[3].

L'amour leur est une souffrance qui confine à la mort. „Qui ne voudrait souffrir ainsi?", se demande Gérard dans l'introduction de **l'Intermezzo.** „Ne rien sentir, voilà le supplice: c'est vivre encore que de regarder couler son sang." Et, à propos de la femme, il répète les paroles de Heine: „La femme est la chimère de l'homme ou son démon, comme vous voudrez, — un monstre adorable, mais un monstre;... Tout cela est fatal."

Mais le poète français, nature résignée, vaincu

---

[1] A. Marie, liv. cité, p. 237.

[2] L. P. Betz, *Heine in Frankreich*, Zurich, 1894.

[3] Cité par Betz, ouvr. cité, p. 199.

d'avance, n'a pas connu l'ironie amère, sarcastique de Heine. Sa discrétion s'y opposait nettement.

Dans la notice qui précède la traduction des vers de Heine [1], Gérard essaie de définir l'amour tel qu'il le goûte chez l'auteur du **Livre des Chants**: „L'amour, fleur vénéneuse, ombre mortifière", séduction trompeuse et charme dangereux; „l'idée de la trahison et de la mort se reproduit à chaque instant;... cependant le péril lui plaît et l'attire; il vient comme l'oiseau au sifflement de la vipère et il aime à cueillir le „vergissmeinnicht" au bord des rives glissantes" [2].

Et combien Gérard est personnel, quand il préfère „l'analyse patiente et maladive d'un amour ordinaire mais douloureux et fatal" des vers de Heine aux „amours imprégnées de supernaturalisme" du **Faust** [3]!

L'amour n'est que malheur; ils sont tous les deux fatigués de vivre la vie terrestre; ils se plaisent à souffrir, fût-ce la mort même; la tombe, qui sait?, c'est le repos absolu. Mais quelle horreur pourtant! La mort les visite souvent en rêve. Et, lorsque, dans les morceaux **„Le Rêve et la Vie** [4], Heine dit la souffrance qu'il a endurée, „muet comme la tombe" [5]: „jamais ne re-

---

[1] *Les Poésies de Heine*, trad. par Gérard de Nerval, *Revue des deux mondes*, juillet-sept. 1848.

[2] *Ibid.*

[3] *Ibid.*

[4] Heine, *Livre des Chants, Romances.*

[5] A la fin des *„Amours de Vienne"* (Voyage, II), Gérard peint l'état d'âme dans lequel il quitte cette ville: „...Je m'arrache à des souvenirs. Je n'ajouterai pas un mot de plus. J'ai la pudeur de la souffrance, comme l'animal blessé qui se retire dans la solitude, pour y souffrir longtemps, ou pour y, succomber sans plainte".

Il n'est point étonnant de trouver chez Nerval ce thème byronien de la mort farouche et stoïque du loup blessé, dans la solitude *(Child Harold,* IV, 21, trad. Pichot,

vient la plus belle des heures; toute la vie ne fut qu'un rêve, et cette heure un rêve de ton rêve", — ne croirait-on pas entendre Gérard lui-même? Ou encore: „Mais peux-tu déclarer illusion ce que si fortement je porte en moi?", que l'on pourrait prendre pour le véritable crédo du poète rêveur.

Le suicide d'amour, si fréquent chez le poète d'outre-Rhin, combien de fois déjà, avant de connaître Heine, Gérard ne l'avait-il présenté comme unique fin d'un amour malheureux! Ce qui fascine le plus Gérard dans l'oeuvre de son ami, c'est l'idée de l'amour racheté par la mort [1].

La poésie sépulcrale, sans être dans la tonalité sentimentale de notre poète, reviendra cependant assez souvent dans les poésies inspirées par Heine [2]: cimetières et spectres pendant la nuit; rêves macabres, mariages célébrés au sein de la mort,— tels sont les éléments qu'il ne fait qu'emprunter pour la circonstance, sans les rechercher pour eux-mêmes.

Le même regret des temps anciens [3] et des dieux morts anime les deux poètes. Ce que Gérard de Nerval avait longuement développé, appuyé sur des études, Heine le traduit d'abord en simple thème lyrique,

---

III, p. 242) repris par A. de Vigny *(La Mort du loup)* et par Leconte de Lisle *(Vent froid de la nuit)*,

Si l'attitude de Gérard devant la vie n'a pas la netteté du pessimisme stoïque de ses deux contemporains, ses préoccupations philosophiques et religieuses, du moins, lui valent une place à côté d'eux.

[1] Voir Heine, *Livre des Chants, Romances, Le Chevalier Olaf*, repris par Gérard dans *Le Chevalier blessé*.— Voir également plus haut, *Le Second Faust*.

[2] Voir plus haut, *Le Second Faust: La Danse des morts* et *Le pauvre Pierre*.

[3] Gérard déclare préférer le „*Buch der Lieder*, où palpite la vie intérieure des temps passés".

à peine énoncé: „mort, le seigneur Dieu,— là-haut; mort en bas, le diable"[1]. Dans le **Coucher du soleil** il s'apitoie sur le sort des dieux vaincus et prend parti pour eux contre les démolisseurs des temples antiques[2]. Ailleurs, il regrette la déchéance des **dieux grecs**[3], en veut aux dieux nouveaux et montre son envie de briser les nouveaux temples.

Le thème prend plus d'ampleur dans le **Crépuscule des dieux**: le poète allemand présente les hommes insurgés devant l'aspect de la mort universelle, qui fait tressaillir la terre: „un cri strident retentit par tout l'univers, les colonnes se rompent, terre et ciel s'écroulent et c'est le règne de l'antique nuit".

Les deux poètes ont abordé les grands problèmes métaphysiques, dont ils ne pouvaient rendre que le frisson éprouvé devant l'inconnu. Les réponses qu'ils donnent sont d'autant plus désolantes. Les **Questions** de Heine résument tout l'effort stérile de Gérard à percer le mystère de la vie, tel qu'il lui apparaissait incarné dans le problème religieux.

Un jeune homme triste, absorbé dans de grands problèmes métaphysiques, demande aux flots de la mer la clef des énigmes qui entourent l'homme: „Dites-moi ce que signifie l'homme? d'où il vient? où il va? qui habite là-haut, au-dessus des étoiles dorées?" Les flots murmurent leur éternel murmure, le vent souffle, les nuages fuient, les étoiles scintillent froides et indifférentes, et un fou attend une réponse"[4].

---

[1] *Le Retour, Regret des temps anciens.*

[2] „Et les pauvres dieux dans le Ciel errent tourmentés, sans consolation et sans fin, ne pouvant mourir et traînant avec eux leur misère rayonnante" *(La Mer du Nord, Coucher du Soleil).*

[3] *Ibid. Les Dieux grecs.*

[4] Heine, *Le Livre des Chants, Questions*, trad. par Gérard de Nerval.

Gérard lui aussi a un véritable culte pour ces „fous" qui attendent en vain la réponse devant la nature indifférente, les yeux perdus dans le lointain et l'âme déjà délestée du poids terrestre.

III.

La crise finale

1. Rechute et retour à l'enfance.

Vers 1850 tout un concours de circonstances défavorables aggravent de nouveau la santé de Gérard. Les insuccès, le travail intellectuel surmenant, les dépressions succédant aux périodes d'exaltation,— tout contribue à faire revenir son trouble mental.

Il passe avec une facilité étonnante du **Marquis de Fayolle** au **Voyage en Orient,** des traductions de Heine à **Loreley.** La reprise des **Illuminés** demande des études spéciales et **l'Abbé de Bucquoy (Angélique),** l'oblige à aller cueillir des documents dans le Valois. Le retour au pays de son enfance est le choc qui provoque un retour sur lui-même et sur un passé heureux, contrastant douloureusement avec la misère présente [1].

„Les souvenirs d'enfance se ravivent, dit-il, quand

---

[1] M. P. Audiat (ouvr. cité, pp. 95, 96) insiste sur la crise affective que Gérard essuya en 1850, crise qui bouleversa son imagination. En effet, nulle part dans son oeuvre il ne fait mention de son Valois avant cette date. Un simple voyage de documentation le mit en face des vestiges d'un passé heureux. „C'est le contact avec le Valois qui a fait surgir les souvenirs, anciens, et non les souvenirs anciens qui l'ont poussé à revoir le Valois", dit l'auteur.

on a atteint la moitié de la vie. C'est comme „un manuscrit palimpseste dont on fait reparaître les lignes par des procédés chimiques [1]". Désormais, il souffrira toujours du mal du souvenir;, il s'enfonce voluptueusement dans ce monde de fantômes que sa mémoire affective fait revivre. Le culte du passé et de la terre natale se confondent dans son âme avec le culte des morts. A son âge, à quarante-deux ans, épuisé, il vit déjà de ses souvenirs: „Je me repose", dit-il, „je reprends des forces sur cette terre maternelle.... Quoi qu'on puisse dire philosophiquement, nous tenons au sol par bien des liens. Religion ou philosophie, tout indique à l'homme ce culte éternel des souvenirs [2]."

Les souvenirs influent largement sa sensibilité et hâtent le deséquilibre. Il y a plus. Tout ce qu'il va évoquer après 1850 portera l'empreinte de cette mélancolie, anxieuse, — dont il n'était pourtant pas envahi à l'époque de sa jeunesse, où remontent ses souvenirs. C'est un cas de „refoulement" du présent dans le passé, „irradiation de l'un vers l'autre[3]". De cette préoccupation naîtront **Angélique, Sylvie, Aurélia,** étapes de sa jeunesse et moments psychologiques de sa vie. puis les **Châteaux de Bohême, Promenades et Souvenirs, les Nuits d'octobre.**

Partout dans ces récits il a de la peine à distinguer le rêve de la réalité. Il s'en rend compte lui-même [4]. Tout se fond dans son imagination,— les amours font une chaîne fatale, nécessaire. La raison lucide n'y peut plus rien. L'imagination de Gérard „est au seuil du délire"[5].

---

1 *Petits Châteaux de Bohême, Un jour à Senlis.*
2 *Ibid.*
3 P. Audiat, ouvr. cité, p. 98.
4 *Sylvie,* ch. VII, *Châalis.*
5 P. P. Audiat, ouvr. cité, p. 103.

En 1851 un accident ramène les troubles. „Les dieux l'ont voulu", dit-il dans une lettre adressée à son ami Houssaye[1]. Comme il écrira dans son **Aurélia**, il croit se rappeler que, à l'endroit où il est tombé lors de sa crise, „la vue donnait sur un cimetière, celui même où se trouvait la tombe d'Aurélia. Cela me donna l'idée d'une fatalité plus précise. Je regrettai d'autant plus que la mort ne m'eût pas réuni à elle. Puis, en y songeant, je me dis que je n'en étais pas digne[2]." Par sa vie légère il avait outragé la mémoire d'Aurélia.

Ses préoccupations tournent dans le même cercle: les idées religieuses, le **Songe de Poliphile, les Illuminés** sollicitent tour à tour son esprit[3].

L'accident a ravivé toutes ses inquiétudes et il écrit dans une lettre: **„Je vois avec crainte revenir, avec la mauvaise saison, un certain état de santé qui me commande un peu de repos et de soins"**[4].

Il a l'idée d'„interroger" le sommeil. Mais la figure d'Aurélia ne revient plus dans ses rêves. En revanche, c'est son „double" qui lui apparaît. Et il ne sait comment expliquer que, „dans ses idées, les événements terrestres pouvaient coïncider avec ceux du monde surnaturel; cela est plus facile à sentir qu'à énoncer clairement"[5]. Sans doute. Comment expliquer sa communion tout intérieure et mystique avec le monde invisible? Il se sent vivre dans deux plans différents: ce sont le „moi" et le „non-moi", le „noumène" et „phénomène" de la philosophie allemande; le premier

---

[1] Lettre citée par A. Marie, ouvr. cité, p. 250.

[2] *Aurélia,* 1-ère partie, ch. IX.

[3] *Ibid.*

[4] Lettre à..., *Correspondance de Gérard de Nerval,* publ. par J. Marsan, Lettre LXXXI, Paris, 1912.

[5] *Aurélia,* 1-ère partie, IX.

crée le second à force de travail d'imagination qui ne connaît point de barrières: le temps et l'espace sont abolis; le passé se trouve sur le même plan que le présent et l'avenir. Nul obstacle n'empêche le passage d'une époque à l'autre, d'un endroit à un autre. Si les sens saisissent le visible seul, — la vue intérieure, l'intuition arrive à correspondre avec l'au-delà[1].

---

[1] Nous trouvons de nombreuses analogies en tant qu'esprit général et idées philosophiques entre *Aurélia* et *Sărmanul Dionis (Le pauvre Denis),* la nouvelle philosophique du poète roumain Michel Eminesco. Formés à l'esprit du romantisme allemand, les deux écrivains possèdent des connaissances orientales, acquises surtout indirectement, à travers l'esprit germanique. Chez les deux, le rêve-refuge se mêle à la vie à tel point qu'on les confond facilement. Aux orientaux ils doivent l'idée de la métempsychose, et à la philosophie allemande l'agnosticisme, l'abolissement du temps et de l'espace et la mise du passé et du présent sur le même plan. Dans les deux oeuvres, les auteurs ressuscitent le passé, témoignant une même prédilection pour l'antiquité et le moyen-âge,— époques qui prêtent mieux à leur idéalisme spiritualiste. Leurs rêves s'encadrent du même décor fantastique, où l'on reconnaît facilement l'influence hoffmannesque, offrant une issue à leur fuite de la réalité. Herder leur enseigne un panthéisme spiritualiste, qui n'est pas sans analogies: le goût du folklore et du terroir ils le doivent toujours à Herder et aux auteurs allemands. Enfin leur sensibilité lyrique, développée à la faveur de cet „attrait de psychologie" vers l'esprit oriental et allemand, présente de nombreux traits communs.

Faute de documents, nous ne pouvons pas affirmer que Eminesco ait connu Gérard de Nerval, mais il nous semble bien que le problème doit être posé autrement. Nous sommes en présence de deux esprits de tournure assez différente, mais qui puisent ou se retrouvent aux mêmes sources. Nerval est poussé vers Lorely par son mysticisme et son goût du fantastique, tandis qu'Eminesco se laisse conduire par son lyrisme amer et ses préférences philosophiques. Les mêmes éléments, passés à

Mais quel était donc cet Esprit qui était lui et en dehors de lui?

Etait-ce le „double" des légendes, ou ce „frère mystique" que les Orientaux appellent **ferouër?** — Il se rappelle la forte impression que lui a produite l'histoire d'un chevalier qui avait combattu toute une nuit dans une forêt, contre un inconnu qui était lui-même. C'est, en somme sa propre histoire, la tragédie du dédoublement de conscience. „L'homme est double", conclut-il. Un Père de l'Eglise n'a-t-il pas affirmé sentir deux hommes en lui [1]?

Une idée lui traverse l'esprit: entre lui et „le spectre de la Solitude", lequel est le bon et lequel est le mauvais génie? En tout cas, **l'autre** lui est hostile. Ne s'apprête-t-il pas à lui ravir Aurélia et à l'épouser? Il se décide à lutter contre l'„Esprit fatal", mais constate amèrement qu'il est „à jamais destiné au désespoir et au néant" [2]. Un mauvais Génie avait pris, en songe, sa place dans le monde des âmes. Le rêve l'entraîne inlassablement; Gérard veut protester contre le mariage d'Aurélia et s'expliquer; au moment où il fait un signe magique, pour conjurer les esprits hostiles, un cri de femme, déchirant, le réveille en sursant. Cette voix n'appartenait pas au rêve: il croit avoir réellement perçu celle d'Aurélia [3].

---

travers leurs esprits, changent considérablement d'aspect. Néanmoins, on en reconnaît la ligne initiale. N'oublions pas non plus que leurs psychologies se rapprochent encore par ce grain d'anormal du début, qui les a fait sombrer dans la folie.

Nous ne faisons que signaler ce problème. D'ailleurs, notre collègue M. J. M. Raşcu a déjà entrepris un travail sur les *„Traces d'influence française dans l'oeuvre de M. Eminescu"*, qui va paraître prochainement.

[1] *Aurélia,* 1-ère partie, ch. IX.

[2] *Ibid.* ch. X.

[3] *Ibid.*

Les remords le saisissent: „J'avais troublé l'harmonie de l'univers magique où mon âme puisait la certitude d'une existence immortelle. J'étais maudit peut-être pour avoir voulu percer un mystère redoutable en offensant la loi divine"[1].

Orphée, descendu aux Enfers à la recherche d'Eurydice, l'avait définitivement perdue, pour ne pas avoir respecté les engagements pris. Gérard se lamente maintenant d'avoir perdu une seconde fois Aurélia. Tout à ses souvenirs orphiques, lui, qui se croyait appelé à l'initiation, il exclame devant ce fait qui confirme ses appréhensions: „Eurydice, Eurydice!"[2].

„Une seconde fois perdue! Tout est fini, tout est passé! C'est moi maintenant qui dois mourir et mourir sans espoir!— Qu'est-ce donc que la mort? „Si c'était le néant!... Plût à Dieu! Mais Dieu lui-même ne peut faire que la mort soit le néant[3]!"

Devant l'abîme que demande son désespoir, la pensée religieuse s'offre, salut unique. Sa jeunesse était passée, emportant les belles espérances qui flottent au seuil de la vie, les désirs et leurs images décevantes, les voluptés neuves; il se sent seul, enveloppé par un Dieu terrible et la peur salutaire le prend. Ce sont les désespoirs d'une âme chrétienne, à qui la grâce a manqué. Il songe sérieusement à Dieu; jusqu'à présent il l'absorbait dans la somme des êtres: „c'était le Dieu de Lucrèce, impuissant et perdu dans son immensité" [4].

Si l'amour d'Aurélia lui servait de rédemption?— elle était bien chrétienne. Gérard implore qu'on lui rende la force de se laisser pénétrer par la beauté du

---

1 *Ibid.*
2 *Ibid., motto,* 2-ème partie.
3 *Aurélia,* 2-ème partie, ch. I.
4 *Ibid.*

Christ. Décidément, le salut est en Dieu. „Lorsque l'âme flotte incertaine entre la vie et le rêve, entre le désordre de l'esprit et le retour de la froide réflexion, c'est dans la pensée religieuse que l'on doit chercher des secours [1]."

Le vide que la Révolution a laissé dans les âmes lui pèse. „L'arbre de science n'est pas l'arbre de vie", exclame-t-il[2]. Il espère que la raison humaine issue de Dieu ne peut persévérer plus longtemps dans l'erreur [3].

Le poète se reproche d'avoir chassé Dieu de son âme; c'était justement ce „frère mystique" qu'il traitait en ennemi. Les idées d'humiliation chrétienne l'abattent et lui font rechercher l'église, le cimetière, les convois funèbres.

Il sait maintenant que „les morts nous voient et nous entendent: peut-être celui-ci sera-t-il content de se voir suivi d'un frère de douleurs, plus triste qu aucun de ceux qui l'accompagnent"[4]. Il s'estime heureux de pouvoir pleurer; cela lui donne la force de prier et d'espérer un salut.

Des rêves terribles remplissent maintenant ses nuits. Reflétée par un miroir, la figure d'Aurélia lui apparaît triste et pensive. Elle l'engage à la rejoindre. Ebloui, il implore le pardon. Mais l'ombre de la morte s'évanouit. Il a beau s'évertuer à gravir une montée rude vers la maison du rendez-vous, il n'avance guère. Persuadé du néant de tout effort, il se répète: „Il est trop tard". A quoi, des voix lui répondent: „Elle est perdue";— „une nuit profonde m'entourait, la maison lointaine brillait comme éclairée pour une fête, et pleine

[1] *Ibid.*
[2] *Ibid.*
[3] *Ibid.*
[4] *Ibid.*, 2-ème partie, ch. II.

d'hôtes arrivés à temps"[1]. C'est la perspective du salut qui recule, à mesure qu'il avance. Malgré les efforts d'Aurélia de le sauver, il a manqué le moment suprême où le pardon était encore possible. Elle aussi était perdue[2]. „Il lui semblait la voir, comme à la lueur d'un éclair, pâle et mourante, entraînée par de sombres cavaliers. Réveillé en sursaut, il implore le pardon pour Aurélia. Son rêve fatal n'est que le reflet de sa fatale journée[3]." L'idée de revoir la tombe d'Aurélia l'attendrit; mais bientôt il renonce: „je ne suis pas digne de m'agenouiller sur la tombe d'une chrétienne; n'ajoutons pas une profanation à tant d'autres"[4]. Pourtant, après avoir brûlé le feuillet indiquant la tombe d'Aurélia, „reliques d'amour et de mort"[5], la journée lui pèse et il attend la nuit, impatiemment[6].

Le rêve devait lui ouvrir une communication avec le monde des esprits. Les remords d'„une vie follement dissipée" chargent sa conscience et il se considère „indigne de penser à celle qu'il tourmentait dans sa mort, après l'avoir affligée dans sa vie"[7].

Il exagère les moindres torts qu'il a pu faire à quelqu'un.

Dans ces derniers chapitres d'Aurélia, ainsi que dans ces remords pour sa vie gaspillée, il ne faut pas voir une conversion religieuse, un retour à la foi, sous la menace de la mort. Ce sont les signes classiques d'un état d'esprit morbide, correspondant à la période de

---

[1] *Aurélia*, 2-ème partie, ch. II.—Voir également *Ibid.*, ch. III.
[2] *Ibid.*
[3] *Ibid.*
[4] *Ibid.*
[5] *Ibid.*, ch. III.
[6] *Ibid.*
[7] *Ibid.*

dépression de la cyclothymie dont il souffrait. Ces symptômes ressemblent à s'y méprendre aux „sentiments d'humilité chrétienne"[1].

C'est une antinomie singulière: „un homme qui s'accuse de fautes imaginaires et qui, ne croyant pas en Dieu, ne sait à qui demander son pardon"[2]. Ce que le docteur de Fleury dit de Littré[3], philosophe positiviste, reniant Dieu, qu'il avait remplacé dans son coeur par une religion scientifique, peut s'appliquer à Gérard de Nerval qui ne fut jamais un catholique pratiquant. Un conflit dramatique se livre dans un esprit sans Dieu, sous la terreur de la mort[4]: les rappels d'une enfance pieuse, la tradition des siècles de foi et le désir de permanence battent en brèche l'intelligence critique[5].

L'état d'esprit de Gérard étant celui des concessions totales, il ne peut être question de conversion chez lui. Cela n'empêche pas que ce procès présente une acuité pathologique qui le conduit à l'idée du suicide. Il lui fallait une expiation de son passé et il a besoin de croire qu'„elle" existait toujours[6].

Il veut se confesser; mais la crainte de voir reparaître des préjugés philosophiques contre les dogmes et les pratiques catholiques le retient. Les idées de la Révolution et le goût que son enfance lui inculqua pour

---

[1] Dr. Maurice de Fleury, *L'Angoisse humaine,* Paris, 1925, *L'Angoisse de mourir,* pp. 276-278.

[2] Dr. M. de Fleury, ouvr. cité.

[3] La conversion de Littré serait due à un accès de dépression cyclothymique.

[4] L'auteur a de belles paroles d'indulgence à l'égard des défaillances du coeur qu'on ne saurait reprocher à l'intelligence, mais qui expliquent les conversions „in extremis" *(ibid.,* p. 275).

[5] *Ibid.*

[6] *Aurélia*, 2-ème partie, ch. IV.

les dieux païens se font encore sentir en lui. Le souvenir d'Aurélia le ramène pourtant à la foi[1]. Il trouve là une force de résistance à son mal: „Le désespoir et le suicide sont le résultat de certaines situations fatales pour qui n'a pas foi dans l'immortalité"[2]. Mais, malgré l'appui moral que lui offre la religion, l'idée du suicide ne fera que grandir et prendre racine dans son âme. Son âme oscille entre la soif de se confesser et le désir d'entrer dans l'au-delà. Une voix intérieure lui dit que la Vierge est morte et que ses prières seraient inutiles. Le dessein de se détruire, il ne l'accomplit pas non plus. En revanche un nouvel accès lui fait voir le spectacle lugubre d'un commencement de mort cosmique. Il craint l'approche de la „nuit éternelle"[3].

On l'interne chez le docteur Dubois, d'où il sort sous peu (décembre 1853), apparemment guéri, mais dans un état d'excitation permanente: il éprouve un besoin irrésistible de parler et d'écrire et donne **Octavie ou l'Illusion**, reprise de la troisième lettre du **Roman à faire**[4]. Ce qui nous intéresse dans ce récit, c'est qu'il prétend avoir eu l'intention de se suicider en 1834, donc huit ans avant la tentative de Vienne en 1842[5].

---

[1] *Ibid.*

[2] *Ibid.*

[3] La mort des amis l'ébranle profondément; lorsque le poète Ch. Renaud meurt, il se demande avec angoisse: „qu'arriverait-il, si je mourais ainsi tout à coup?" *(ibid.)*. Il subit le même choc à la mort de M-me Houssaye.

[4] Voir plus haut, chap. *„A la recherche d'Eurydice"*. M. P. Audiat (ouvr. cité, pp. 104-110) compare la lettre *(L'Artiste,* 6 juillet 1845, titre: *l'Illusion)* avec l'article paru dans la *Sylphide,* 1842, et la nouvelle parue dans *le Mousquetaire,* 17 déc. 1853, et tâche de préciser quelle est la part de vérité et en quelle mesure Gérard invente.

[5] M. Audiat relève un certain nombre de contradictions entre les variantes. Il y a certainement quelque chose de singulier dans cette nouvelle, où un accès de déses-

Vers la même époque (1853) il publie **Sylvie.** Dans une lettre adressée à Houssaye [1], il rappelle l'inscription, „guérison des coeurs", qu'il avait trouvée à Cythère et ajoute que rien encore n'avait pu guérir son coeur qui souffre toujours du mal du pays. Au moment où il voit sombre devant lui, le pays de son enfance l'appelle de sa voix nostalgique.

En août 1853 les symptômes reparaissent: les moments d'exaltation alternent avec ceux de dépression profonde; l'idée de l'immortalité se trouve entravée par le délire de culpabilité, l'exagération de ses fautes et les remords sans motif. Mais, cette fois-ci, il se croit un pouvoir sur les autres. Tout ce que sa maladie lui fait subir, il le prend pour des épreuves, qui lui vaudront „le voile d'Isis" [2]. N'est-il pas un „héros vivant sous le regard des dieux" et chargé de rétablir l'harmonie universelle par la Kabale et les forces occultes des religions [3]? Ce qui est vraiment extraordinaire, c'est que son moi observateur est toujours en éveil et note scrupuleusement tout ce qui traverse son esprit,— ce qui va faire d'ailleurs la documentation d'**Aurélia.**

Cependant, malgré les quelques moments de lucidité, Gérard a de fréquentes rechutes et son internement se prolonge. Soucieux de ne pas se faire oublier dans le monde des lettres, Gérard veut rassurer les siens sur son état; „il considère ses épreuves terminées".

---

poir est encadré de deux idylles. Mais M. Audiat est d'accord à reconnaître à ce récit discordant une „véritable unité psychologique" (ouvr. cité; p. 110). Il renferme, en somme, l'exposé de plusieurs phases de l'amour de Nerval. Un de ces moments de délires a pu lui donner le goût de la mort.

1 *La Presse,* 22 sept. 1862.

2 *Aurélia,* 2-ème partie, ch. V.

3 *Ibid.,* ch. VI.

„Je voulais trop faire”, écrit-il à son docteur, „en bravant la mort! C'est dans une autre vie qu'elle me rendra celle que j'aime [1].”

Pour se délivrer des obsessions, il les fixe par écrit. „Mes pensées ont toujours été pures [2]. Laissez-moi donc la liberté de les exprimer... Je continuerai cette série de rêves [3], si vous voulez... [4]” Il remplit déjà des feuillets avec **Le Rêve et la Vie.** Il arrive ainsi à débarrasser sa tête de toutes ces visions qui l'ont si longtemps peuplée [5]. La solitude le fait souffrir [6]: il tourne

---

[1] Lettre publiée par A. Houssaye, *Le Livre*, 1883.

[2] Lettre inéd. citée par A. Marie, ouvr. cité, pp. 284-285.

[3] En faisant la part aux souvenirs livresques, il reste néanmoins dans ces rêves une grande part de vie vécue et sentie. Cette suite de rêves tourmentés, succédant à des journées consacrées aux remords, font un ensemble trop poignant pour qu'il soit inventé de toutes pièces. On est tenté parfois de croire qu'il préférait donner à ses visions de l'au-delà autant de „descentes aux enfers”, le cadre du rêve, pour ne pas confirmer les inquiétudes que l'on avait à l'égard de son état mental. Peut-être se sentait-il moins responsable pour le contenu de ces rêves; mais, là encore, il se laisse facilement prendre à son propre jeu: il reconnaît lui-même que ses songes sont des reflets de ses journées et, en même temps, des portes ouvertes sur le monde des esprits. Comme il communiquait avec le monde des mystères même à l'état de veille, il n'est pas étonnant que l'idée de la mort tienne une si grande place dans ses visions nocturnes. Pour un „rêveur éveillé” comme lui, il y a une suite parfaitement logique entre la veille et le rêve d'une part et entre les rêves eux-mêmes, de l'autre.

[4] Lettre inédite citée par A. Marie, ouvr. cité, p. 286.

[5] *Ibid.*

[6] Notons qu'il a de nouveau ses livres avec lui chez le docteur Blanche,—„la tour Babel en deux cents volumes,” — auxquels se rattachent tous les souvenirs de sa vie. „Il y avait de quoi rendre fou un sage”, dit-il,—„tâchons qu'il y ait aussi de quoi rendre sage un fou”.

trop dans un cercle restreint. Il se nourrit de sa propre substance et ne se renouvelle pas[1].

Persuadé que tout se correspond dans la nature et aspire à la même harmonie universelle[2], il s'étonne qu'il ait pu exister si longtemps hors de la nature, sans s'identifier à elle. „Captif en ce moment sur la terre, je m'entretiens avec le coeur des astres, qui prend part à mes joies et à mes douleurs[3]."

Gérard se pose la question si son âme est la „molécule indestructible"... ou ce vide même, image du néant qui disparaît dans l'immensité"[4].

Il est ainsi amené à se demander compte de sa vie et même de ses existences antérieures. Même s'il a été mauvais autrefois, sa vie actuelle est une expiation suffisante[5].

Tout ce qu'il produit pendant cette période est obscur et se ressent de son trouble mental: **Le Roman tragique, Pandora, les Chimères,** tout présente ce double aspect de cauchemar et de suggestion puissante. Partout c'est son „double" qui parle. Dans **le Roman tragique** on peut suivre le fil de ses amours malheureuses avec Jenny Colon. Gérard y introduit le nom d'Aurélia, nom de la femme-vampire du conte d'Hoffmann[6], qui présente une ressemblance symbolique avec Jenny, „instrument fatal de sa ruine"[7].

Vu la solitude où il se trouvait, il a dû fouiller parmi ses livres d'occultisme, religions, etc., ce qui ne pouvait qu'empirer ses troubles.

[1] Lettre publiée par G. Bell, citée par A. Marie, ouvr. cité, pp. 288-289.

[2] *Aurélia*, 2-ème partie, ch. VI.

[3] *Ibid.*

[4] *Ibid.*

[5] *Aurélia*, 2-ème partie, ch. VI.

[6] *Le Vampire.*

[7] P. Audiat, liv. cité, p. 91.

Quant à **Pandora**[1], nouvelle dont il voulait faire la dernière des Filles du feu, elle renferme tous ses délires de Passy et révèle une fois de plus le dualisme de lucidité et de folie que recèlent les derniers rêves de Gérard.

Le motto même de ce conte qu'il emprunte à la première scène du Faust, traduit l'esprit du morceau: „Deux âmes, hélas! se partagent mon sein et chacune d'elles veut se séparer de l'autre; l'une, ardente d'amour, s'attache au monde par le moyen des organes du corps; un mouvement surnaturel entraîne l'autre loin des ténèbres, vers les hautes demeures de nos aïeux".

Pandora est le récit d'une aventure d'amour de Vienne, où l'image d'une archiduchesse, qui lui rappelle l'„**autre**", se mêle aux souvenirs de son Valois.

Les rêves morbides, où le poète est obsédé par **elle**, les délires et les caprices de son imagination font de **Pandora** un écrit pathologique qui annonce l'épuisement de ses dernières années. La fin du morceau notamment trahit le désespoir qui le ronge. Il s'identifie à Prométhée; Aurélia, devenue Pandora, la semeuse du mal, le poursuit implacable. „Oh! Jupiter, s'écrie-t-il, quand finira mon supplice?"

Tout ce qui nous reste de plus beau de Nerval,— **Les Chimères**[2], **Sylvie** et **Aurélia**,— a été écrit en pleine crise de délire. „Les ébranlements de sa raison

---

[1] *Pandora,* publ. par A. Marie, *Rev. hebdom.,* 24 sep. 1921.

[2] Gérard déclare, à propos des *Chimères:* „J'ai fait mes premiers vers par enthousiasme, les seconds par amour, les derniers par désespoir. La Muse était entrée dans mon coeur comme une déesse aux paroles dorées; elle s'en est échappée comme une Pythie, en jetant des cris de douleur".

furent aussi l'éveil de son vrai génie" [1]. Ces vers rappellent les rêves mystiques de la **Vita Nuova** ou de la **Divine Comédie** transcrits dans un langage prophétique. Le tout brodé sur le même canevas: l'amour maladif, poursuivi au-delà de la réalité, dans le domaine de la chimère occultiste.

Deux de ses sonnets [2] nous intéressent tout particulièrement: **El Desdichado** et **Artémis.** Gérard est déjà descendu deux fois aux enfers, chez les ombres, dans le monde des rêves, mais il a su s'en dégager et, de retour, il a chanté, comme Orphée, son amante morte, sainte et fée en même temps. Après toutes ces pérégrinations, il se trouve de nouveau seul, malheureux, inconsolé [3].

---

[1] Max Formont, *Gérard de Nerval, Nos Poètes,* 15 oct. 1923.

[2] M. Audiat (ouvr. cité, p. 115) les considère comme une esquisse d'*Aurélia,* et l'impression est juste. Ces deux sonnets renferment en ramassé tous les thèmes que Gérard a roulés dans son esprit, à ses heures troubles, sans nulle préoccupation de logique; tout y est bien caché sous des symboles.

[3] Nous nous bornons à relever quelques passages prenants pour l'expression de l'idée de la mort:

> Je suis le ténébreux,— le veuf,— l'inconsolé,
> Le prince d'Aquitaine à la tour abolie;
> Ma seule *étoile* est morte et mon luth constellé
> Porte le *soleil noir* de la Mélancolie.
> Dans la nuit du tombeau, toi qui m'as consolé,
> Rends-moi le Pausilippe et la mer d'Italie,...
>
> . . . .
>
> Et j'ai deux fois traversé l'Achéron;
> Modulant tour à tour sur la lyre d'Orphée
> Les soupirs de la sainte et les cris de la fée.
>
> *(El Desdichado.)*

Gérard affectionne beaucoup ce thème orphique [1], par ailleurs très littéraire; ici, il lui donne un emploi qui prête à discussion: est-ce une simple analogie avec la descente aux enfers d'Orphée, à la recherche d'Eurydice? Est-ce peut-être l'idée de Gérard que le mythe orphique contient un syncrétisme des religions? Et alors la descente aux enfers prendrait la signification d'un voyage symbolique au pays des mythes et des théogonies, renfermant des parcelles de vérité. Ou bien, cette descente serait sa folie elle-même.

Nous inclinons à admettre la première hypothèse; son **Voyage en Orient** et **Aurélia** sont, en dernière analyse, des tentatives désespérées de ressaisir Aurélia: au sein des religions parlant de survie, aux enfers qu'il évoque dans les rêves et souvent dans son esprit même, à l'état de veille.

L'idée sur laquelle est construite **Aurélia** et qui fait, un peu, le noyau de toutes les oeuvres de Gérard, est présentée rapidement dans Artémis [2]. L'auteur se plaît

---

[1] Le thème est assez vieux: Dante retrouve aux enfers sa Béatrice, Pétrarque sa Laure, Novalis sa Sofia, Manfred son Astarte. Les amantes guident leurs amants au séjour heureux. La mort fait passer de l'amour profane à l'amour divin.

[2] La Treizième revient, c'est encor la première;
Et c'est toujours la seule,— ou c'est le seul moment:
Car es-tu reine, ô toi! la première ou dernière?
Es-tu roi, toi, le seul ou le dernier amant?...
Aimez qui vous aima du berceau dans la bière,
Celle que j'aimais seul m'aime encor tendrement:
C'est la mort— ou la morte... ô délice! ô tourment!
La rose qu'elle tient, c'est la *Rose trémière.*

Sainte napolitaine aux mains pleines de feu,
Rose au coeur violet, fleur de Sainte Gudule:
As-tu trouvé ta croix dans le désert des Cieux?

Roses blanches, tombez! vous insultez, nos dieux:

à rêver à la transfusion des âmes et poursuit sous diverses apparences l'amante idéale. Les figures et le temps ne comptent pas: tout n'est qu'apparences vaines; sous des formes diverses se manifestent une même idée et un seul moment. Il va jusqu'à confondre l'Éternel féminin avec la Divinité: déesses et amantes ne sont que des aspects fugitifs d'un seul idéal. La mort n'interrompt rien, elle est aussi la forme que prend l'amante éternelle[1].

Replié sur lui-même, vivant de ses souvenirs, Gérard abandonne petit à petit les esprits dans lesquels il transposait ses émotions; c'est son propre coeur qu'il mettra maintenant à nu. Le roman de sa vie lui suffira[2]. C'est le passage du **Roman tragique** à **Aurélia**, à travers **Angélique, Sylvie, Artémis**[3]. Dans la préface des **Filles du feu**[4], il insère la lettre du **Roman tragique**, où il promet d'écrire quelque jour l'histoire de cette descente aux enfers, où l'avait guidé ce qu'il lui restait encore de lucide[5].

Tombez, fantômes blancs, de votre ciel qui brûle:
—La sainte de l'abîme est plus sainte à mes yeux!

[1] P. Audiat, ouvr. cité, p. 119.

[2] „Une fois, persuadé que j'écrivais ma propre histoire, je me suis mis à traduire toutes mes émotions, je me suis attendri à cet amour pour une étoile fugitive, qui m'abandonnait seule, dans ma destinée, j'ai pleuré, j'ai frémi des vaines apparitions de mon sommeil" (Préface des *Filles du feu*).

[3] Toutes ces dernières oeuvres de Gérard, si troubles soient-elles, peuvent être regardées comme des confessions „oniro-critiques".

[4] Ecrite entre 15 déc. 1853 et 15 janv. 1854.

[5] „Puis un rayon divin a lui dans mon enfer; entouré de monstres, contre lesquels je luttais obscurément, j'ai saisi le fil d'Ariane et, dès lors, toutes mes visions sont devenues célestes". (Préface des *Filles du feu*).

2. L'attrait de l'au-delà. — Le suicide.

„Tout est dans la fin"
(Sur un carnet de Gérard de Nerval,
L'Artiste, 13 mai 1855.)

Très discret, il cache ses misères comme un „animal blessé". Voilà pourquoi, en l'état où il se trouve, il cherche la solitude. Dans son dernier voyage en Allemagne, les moments d'exaltation succèdent à des périodes de calme relatif. Il éprouve le besoin de „s'arracher aux idées noires de la convalescence et d'en rejeter les derniers nuages"[1]. Mais ce n'est pas dans la musique de Wagner[2] qu'il allait trouver l'apaisement. La musique wagnérienne le remue profondément et le bouleverse. Il y a entre eux affinité de corde lyrique[3].

Petit à petit, les idées mystiques, les remords et le besoin d'expiation reparaissent. Il est le premier à s'en rendre compte[4]. Devant le fatalisme inexorable qui dirige ses pas, il plie, résigné: „il fallait que cela fût ainsi", écrit-il au docteur Blanche[5]. Son mal, tout intérieur lui vient de ses réflexions; c'est ce qui l'encourage à espérer que le bien en sortira aussi[6].

De retour à Paris, il recommence une activité dévo-

---

[1] Lettre Coll. Houssaye, publ. par A. Marie, ouvr. cité, p. 307.

[3] Il a apprécié dans la musique de Wagner l'heureux concours de la poésie et de la musique et surtout le souffle mystico-religieux et philosophique si puissant de ces drames musicaux.

[3] Quand on pense à l'apport wagnérien dans la musicalité du vers symboliste, on ne s'étonne point que Gérard, avec son rythme intérieur, ait trouvé dans les conceptions artistiques du compositeur un reflet de ses préoccupations.

[4] Coll. Houssaye, A. Marie, p. 315.

[5] *Ibid.*

[6] *Ibid.*

rante. Cela suffit pour le ramener en août 1854 à la maison de santé. Mais il s'évade et, réfugié chez un ami, l'idée lui vient de se donner la mort [1]. Le retour des troubles s'accuse peu après sa sortie. „Je travaille et j'enfante désormais dans la douleur", écrit-il au pauvre Deschamps[2].

Très changé, donnant à ses amis l'impression d'un revenant, il leur répète découragé: „Je n'aime plus le vin de la vie". Au cours de l'existence vagabonde et misérable qu'il mène jusqu'à sa mort, il travaille à ses **Promenades et Souvenirs**, véritable oasis pour son âme, et fixe les rêves d'Aurélia. En 1852 déjà, dans les Nuits d'Octobre, il avait transcrit ses pérégrinations nocturnes. „Avec le temps, confesse-t-il, la passion des grands voyages s'éteint... le cercle se rétrécit de plus en plus, se rapprochant peu à peu du foyer"[3]. Il revient encore dans le Valois: l'aspect des lieux aimés ranime en lui le „sentiment des choses passées"[4]. Il passe en revue toutes les figures qui ont rendu si heureuse son enfance; mais elles sont à jamais perdues pour lui: „le monde est désert"[5]. Les souvenirs attisent sa douleur, mais, malgré tout, il aime remuer les cendres du passé et souffrir: „Revenez pourtant, douces images, exclame-t-il, „j'ai tant aimé, j'ai tant souffert!"[6].

L'aspect désolant de son paysage intérieur, il le pro-

---

1 A. Busquet, *Gérard de Nerval et sa mort, Le Temps*, 10 août 1881.

2 Lettre citée par A. Marie, ouvr. cité, p. 324.

3 *Nuits d'octobre*, I, *Le réalisme*.

4 *Promenades et souvenirs*, III, *Une société chantante*.

5 *Ibid.*, VI, *Héloïse*.

Et ailleurs: „Que sont devenus tous mes parents? Que de morts dans tout cela! Que de malheureux, sans doute, dans un pays si heureux autrefois!" *(ibid.*, VIII, *Chantilly)*.

6 *Ibid.*, VI, *Héloïse*.

jette au dehors. Il n'appartient plus au présent, ni aux réalités. Tantôt il tourne son âme angoissée vers le passé, tantôt il plonge un regard perdu dans les mirages de l'au-delà.

Plus de résistance aux idées mystiques qui l'envahissent complètement. La misère matérielle l'empêche de travailler et ce qu'il produit encore jusqu'à sa mort est une sourde complainte sur sa vie qu'il lui tarde de quitter. Il y est déjà préparé:

....Et j'ai pour l'autre monde enfin bouclé mes guêtres.
J'ai fait mon épitaphe..... et prends la liberté
De vous la dédier dans un sonnet stupide,
Qui s'élance à l'instant du fond d'un cerveau vide...
Mouvement de coucou par le froid arrêté:
La misère a rendu ma pensée invalide.

Suit le fameux sonnet-épitaphe, badinage, bien que sur un ton ému et grave, sur le moment de la mort:

...Un jour il entendit qu'à sa porte on sonnait.
. . . .
C'était la mort! Alors il la pria d'attendre
Qu'il eût posé le point à son dernier sonnet;
Et puis, sans s'émouvoir il s'en alla s'étendre,
Au fond du coffre froid, où son corps frissonnait...
. . . .
Il voulait tout savoir, mais il n'a rien connu.

Et, quand vint le moment, où, las de cette vie,
Un soir d'hiver, enfin, l'âme lui fut ravie,
Il s'en alla disant: „Pourquoi suis-je venu?"[1].

Toute l'amertume d'une âme désenchantée s'exhale dans ce sonnet. Serré de tous côtés, avili à ses propres yeux, ayant perdu tout espoir, il se livre voluptueusement aux images de mort.

Du présent douloureux il s'évade tour à tour dans

---

[1]) Cité par A. Marie, ouvr. cité, p. 331.

le passé, dans la rêverie, le sommeil, et, enfin, suprême degré et seul remède à des âmes trop éloignées du réel,— dans l'accoutumance à l'idée de la mort.

Il croit entendre des voix divines l'appeler instamment:

Il semble que Dieu dise à mon âme souffrante:
„Quitte le monde impur, la foule indifférente,
Suis d'un pas assuré cette route qui luit,
Et viens à moi, mon fils, et n'attends pas la nuit" [1].

Le dernier vers peut être pris pour un „appel pathétique venu de l'au-delà"[2].

C'est maintenant qu'il remplit les derniers feuillets d'**Aurélia**. Le moi des mourants se porte en général en arrière. Toute l'enfance se déroule rapidement durant ces moments d'attente anxieuse. Il y a des petits faits auxquels la mort donne une valeur nouvelle: leur prix augmente avec le recul des ans.

Devant le spectre de la mort, c'est la pensée religieuse qui lui offre un abri sûr [3]. Ce qu'il étudia ne

---

[1] Poésie manuscrite, Coll. Spoelberch de Lovenjoul, citée par A. Marie, liv. cité, p. 332.

[2] M. A. Marie y voit un prélude mortuaire, tandis que M. Audiat (*La Biographie de l'oeuvre littéraire,* Champion, 1925, pp. 111-112) signale ce même vers dans une poésie *Rêverie de Charles* VI (fragment publ. dans la *Sylphide,* 15 oct. 1842). C'est toujours une sorte de prélude mortuaire; à cette époque-là. Gérard n'est pas encore sorti de l'état de dépression succédant au premier internement. Le titre lui-même est une allusion transparente à la folie du poète. La mélancolie morbide exprimée en 1842 réapparaît, plus violente, douze ans plus tard.

[3] La religion lui assure le salut et l'immortalité: „La conscience que désormais j'étais purifié des fautes de ma vie passée me donnait des jouissances morales infinies; la certitude de l'immortalité et de la coexistence de toutes les personnes que j'avais aimées m'était arrivée matériellement, pour ainsi dire, et je bénissais l'âme

pèse rien devant les grands problèmes de la vie: „**L'arbre de science n'est pas l'arbre de vie**"[1].

La vie lui apparaît comme une succession d'épreuves dont la récompense allait lui être présentée par Aurélia dans l'au-delà [2]. Sur un carnet, Gérard écrit: „Tout est dans la fin" [3].

Loin de prêcher le suicide [4], il le répudie par scrupule religieux: „Que faut-il?", se demande Gérard. „Se préparer à la vie future comme au sommeil. Il est encore temps.— Il sera peut-être trop tard.— L'Ecriture dit qu'un repentir suffit pour être sauvé, mais il faut qu'il soit sincère. Et si l'événement qui vous frappe empêche ce repentir? Si l'on vous bouche les portes de la rédemption? [5]."

Les craintes qu'il manifeste dans ces dernières lignes paraissent avoir triomphé; „l'état de fièvre, de folie", obstacle qu'il redoutait pour sa rédemption, eurent raison de lui.

Il avait sondé sans trêve le sommeil, les rêves [6] et

---

fraternelle qui, du sein du désespoir, m'avait fait rentrer dans les voies lumineuses de la religion" *(Aurélia,* derniers feuillets).

[1] *Aurélia,* 2-ème partie, ch. I.

[2] A. Marie, ouvr. cité, p. 333: „Je me sens heureux des convictions que j'ai acquises et je compare cette série d'épreuves que j'ai traversées à ce qui pour les anciens représentait l'idée d'une „descente aux enfers"" *(Aurélia,* derniers feuillets).

[3] Sur un carnet de Gérard de Nerval, *L'Artiste,* 13 mai 1855.

[4] Les morts aussi le préoccupent: „Ce n'est que par la conscience qu'il faut évoquer les morts. Leur vie est toujours triste et redoutable, car ils souffrent de nos fautes" *(Aurélia,* derniers feuillets).

[5] *Ibid.*

[6] Dans les derniers feuillets *d'Aurélia,* il ne cesse de se poser ce problème redoutable des rêves; il y voit un

l'extase; il lui fallait cette fois-ci une véritable „descente aux enfers", dont il escomptait les révélations. C'est ce qui explique,— à côté de la déchéance matérielle et morale qu'il essuya cet hiver-là,— son impulsion morbide aboutissant au suicide.

Il serait superflu de reprendre la question de son suicide. Nous avons l'impression que ce dénouement n'est qu'un aboutissement naturel de ses crises mystiques [1]. Toutefois, nous ne pouvons nous empêcher de relever le contraste tragique entre l'aspect hautement spirituel qu'il entrevoyait du passage dans l'au-delà, et l'horreur du cadre où il se donna la mort.

---

commencement de mort et, en même temps „un tremplin à l'essor vers l'invisible: „N'est-il, pas possible, se demande-t-il, de dompter cette chimère attrayante et redoutable, d'imposer une règle à ces Esprits de nuit qui se jouent de notre raison? Le sommeil occupe le tiers de notre vie. Il est la consolation des peines de nos journées ou la peine de leurs plaisirs. Mais je n'ai jamais éprouvé que le sommeil fût un repos. Après un engourdissement de quelques minutes, une vie nouvelle commence, affranchie des conditions du temps et de l'espace et pareille, sans doute, à celle qui nous attend après la mort. Qui sait s'il n'existe pas un lien entre ces deux existences et s'il n'est pas possible à l'âme de le nouer dès à présent? (*Aurélia*, derniers feuillets.).

A force de chercher le sens de ses rêves, Gérard croit trouver ce lien entre le monde extérieur et le monde intérieur.

[1] „Il est mort, on peut le dire, de la nostalgie du monde invisible". (Paul de Saint Victor, Préface de la *Bohême galante*).

IV.

La mort — thème lyrique.

Gérard de Nerval n'est pas un pessimiste; il s'en faut de beaucoup. Il ne chante pas la mort, remède unique des maux de la vie. Le mal de vivre, le pessimisme romantique l'atteint assez peu. En revanche, il est plein de l'idée de permanence, chère à ses contemporains. Cette idée n'était pas chez lui une simple greffe; elle tenait à sa nature essentiellement spiritualiste et mystique. De plus, la tournure tragique qu'il donne à ses amours ne fait qu'entretenir ce „messianisme" romantique qui exigeait la continuité de l'existence, hors du temps et de l'espace. De là ces enquêtes sur le sort de l'âme à travers les théologies et l'histoire des mystères religieux.

Gérard use de ce thème, d'abord très discrétement, mais, bientôt, sous l'impulsion morbide, il en fait son idée-maîtresse.

L'angoisse de la mort se rattache chez lui à l'idée de l'écoulement éternel des choses. L'accent poignant qu'il trouve, pour chanter, à partir de 1850, ce qu'il avait laissé derrière lui, indique une forme presque tragique du sentiment des choses du passé. Le thème de l'„ubi sunt?" devient un „leit-motiv", lamento qui va s'élargissant avec l'âge. A force de s'identifier avec les lieux et les personnes qui lui sont chères, il se sent mourir avec tout ce qui s'efface autour de lui. Il meurt avec tous les souvenirs qu'il évoque.

La mort ne l'effraie point. Il n'y voit pas l'horreur de la mort catholique. Ce n'est, en somme, que le passage du rêve éphémère et borné au rêve éternel et infini, qu'il a été donné à chacun d'entrevoir; ce n'est que l'extase des religions esotériques, qui donne une valeur nouvelle à la vie. Voilà pourquoi il ne se plaît pas beaucoup à présenter l'aspect de la mort-horreur, néant qui engloutit tout. Il procède plutôt par suggestion, discret et soucieux d'épargner, le plus possible, les aspects macabres; la mort est rendue par le frisson lyrique qu'elle fait éprouver. Si, toutefois, il donne cours au côté lugubre de ce thème lyrique, il n'a fait que l'emprunter aux Bürger, Heine, Hoffmann, — concession faite à un certain goût de son époque.

Il éprouve, lui aussi, l'horreur physique de la mort ou, plutôt, du „mourir". Les offres des mourants, il les entoure de tout le mystère de cet acte biologique; le poète fait ressortir la laideur de ce spectre familier et la répugnance qu'il lui inspire.

Mais, à force de faire de la mort une idée fixe, il finit par donner, sans s'en apercevoir, un coloris sombre et un goût funèbre à son existence. La mort le hante sous toutes ses figurations symboliques et légendaires.

Si Gérard cherche la paix du néant, il ne le fait que sous l'empire des idées mystiques et attiré par les apparences de „terre promise" que revêt dans son esprit l'au-delà. Il y cherche ses amantes mortes, un refuge de la vie qui le fatigue et, enfin, le mot de l'énigme. „La „terre promise", disait Amiel, „est celle où l'on n'est pas." Et, lancé à la poursuite du rêve irréalisable, qu'il aime pour lui-même. Gérard souffre toujours de la „nostalgie des ailleurs". Son expérience religieuse lui confirme la vérité qu'il avait atteinte par intuition, que „son royaume n'est pas de ce monde"[1].

En tout cas, ce n'est nullement un spiritualisme chrétien que cette religion de Gérard; il n'y revient que sur le tard. C'est d'abord un spiritualisme païen, inspiré par les „grands initiés". Il se pose le problème des fins dernières, non pas par dégoût de la vie, ni par crainte de la mort, mais sous l'aiguillon de son désir d'immortalité.

Il lui arrive de parler très familièrement de la mort, comme d'une pensée intime; mais il ne prend jamais à son égard l'attitude théâtrale de quelques uns de ses contemporains. Bien qu'il fasse des concessions au goût de son temps, il reste toujours sincère dans son art et ne pose jamais.

Mais l'aspect le plus important de l'idée de la mort est, sans doute, celui de la mort cosmique. Lieu commun, il demande à être nourri d'une riche documentation et d'idées philosophiques, qui réponde à la portée du thème. Cela n'a pas manqué à Gérard de Nerval et ses connaissances autorisent cette forme de pessimisme historique et religieux [2] qui se dégage de ses incursions à travers l'antiquité et ses théogonies. Les ruines auxquelles il s'attache, le folklore, les dieux et les cultes voués à l'oubli,— voilà où il puise cette idée de l'effacement de tout. La mort y règne, force suprême qui a raison de tout.

L'amour mène nécessairement à la mort. Mais, comme Dante et Pétrarque, Gérard croit que la mort ne tue pas l'amour. Tout au contraire: comme dans les

[1] L. Estève, *Les héritages du romantisme,* 1909.

[2] Gérard pratique également ce pessimisme sous la forme de l'essai de sauvegarder son bonheur par l'illusion que l'homme, malheureux aujourd'hui, a été heureux autrefois. C'est toujours du pessimisme historique.

rites orphiques, la mort ouvre une seconde vie, plus haute et meilleure que la première; elle divinise les amoureux et rend l'amour céleste; ce qui était temporel gagne par elle l'éternité.

Comme Huysmans, il voit dans les manifestations religieuses „l'appel désespéré de l'humanité pleurant sa destinée mortelle". Gérard comprend la grandeur de cet „appel", mais il ne se laisse pas abuser sur le sort tragique des religions et surtout sur leur fuite irrémédiable.

Sa curiosité ne se trouve jamais satisfaite. Savoir que la vie est une épreuve qui décide du sort de l'âme humaine, ce n'était pas tout. Et on sent toujours chez lui l'amertume de celui qui s'en va, meurtri de n'avoir rien saisi des grands mystères, mirage poursuivi tout le long de sa vie.

Une idée le console et rehausse, à ses yeux, le prestige de l'homme: celui-ci participe du divin et, arrivé à un certain degré d'élévation, peut aspirer à communier avec Dieu. Gérard s'écarte par là de l'idée du néant de l'homme en face du Ciel, idée chère à l'esprit catholique.

Il agite avec beaucoup de force les grandes idées de mort, de temps et d'éternité et il est à remarquer que, si la présentation de la mort suppose un cadre intérieur et un cadre extérieur,— chez lui, c'est le premier qui domine de loin.

La nuit, les ruines, les tombes et les cadavres tiennent une assez grande place dans son oeuvre. Mais les préoccupations de la survie, du salut de l'âme, le frisson religieux et le sentiment de l'infini le caractérisent bien mieux. La mort prend chez lui une tournure métaphysique, presque abstraite. Le côté plastique n'est pas le fort de son lyrisme. Ses ressources poétiques sont plutôt d'ordre méditatif, intérieur. Son sentiment de la mort se confond avec celui de l'infini, angoisse devant l'inconnaissable.

1. L'Art.

Ce serait exagéré de parler d'un art que l'expression de l'idée de la mort ait fait naître. Il ne saurait être question de procédés spéciaux appartenant à ce thème lyrique. Néanmoins, on peut mettre en valeur la puissance émotionnelle enclose dans le sentiment de la mort par des moyens artistiques très différents. Il y a une relation étroite entre l'aspect que l'on présente du thème et les techniques qui servent à son expression. Thèmes et procédés employés intéressent au même degré la psychologie de l'écrivain et c'est à ce titre que nous abordons la question.

Les aspects extérieurs de la mort obligent Gérard à s'en tenir au réalisme des peintures macabres, d'effet direct, immédiat, mais superficiel.

Il ne devient tout à fait lui-même que lorsque, renonçant au réalisme qui allait assez mal à sa tournure d'esprit,— fait tout de délicatesse et de nuance, — il donne libre cours à son „second moi"; celui-ci suggère plus qu'il n'en dit. Au lieu de présenter les objets, il dit le frisson lyrique qu'il éprouve en leur présence. Le merveilleux, le fantastique et surtout les rêves servent de moyen d'expression indirecte et, certes, plus artistiques du sentiment que lui inspire la mort.

Toute la complexe personnalité de Gérard de Nerval contribue à cet effet: sa pensée riche et son émotion intense vont de pair avec son art sincère, discret et tout intérieur.

A travers son cerveau de „voyant", la mort,— lieu commun borné encore à son époque au côté superficiel, macabre,— devient un thème esthétique. Il ennoblit l'idée de la mort. Avant Baudelaire, il en fait un „frison nouveau", où parle non seulement l'être actuel, mais aussi l'être ancestral et toutes les lames du fond, troublées et ramenées pour un moment à la surface.

De là ce langage d'inspiré, supraterrestre qui porte la pensée au-delà des bornes de la vie quotidienne.

Ses vers établissent, les premiers, le principe symboliste qui consiste à laisser s'épancher librement le dessous de la conscience, pour avoir plus de chance d'exprimer les réalités du mystère [1].

On rattache encore à cette école l'auteur des **Chimères** par l'obsession permanente du mystère, de l'au-delà et de l'invisible [2]. Ce sont des termes différents pour désigner le sentiment de l'infini qu'il possède au plus haut degré. L'art hermétique des **Chimères** était propre à exprimer ce sentiment vague et obscur en lui-même; en faisant appel à l'inconscient devenu désormais objet de poésie, Gérard élargissait du coup les cadres du lyrisme.

---

[1] A. Barre, *Le Symbolisme,* Paris, 1911, pp. 49-53.
[2] *Ibid.*

CONCLUSION.

Le caractère spécial de ce travail ne nous autorise pas à tirer des conclusions qui dépassent la portée du sujet présenté. Bien que l'idée de la mort tienne une très grande place dans l'oeuvre de Gérard de Nerval, elle n'en est pourtant pas la seule. Elle n'a pas chez lui l'ampleur qu'on lui trouve chez les „poètes de la mort", Villon, Léopardi ou Baudelaire.

L'éclosion lente mais sûre du sentiment de la mort de notre poète suppose nécessairement l'histoire de toutes les impressions qu'il a subies depuis son enfance „merveilleuse" jusqu'à l'âge mûr. On ne saurait séparer son impulsion morbide vers la mort de son exaltation mystique ni de ses troubles mentaux.

Il reste acquis que Gérard de Nerval portait dans sa psycho-physiologie les indices de son évolution future. C'était une âme anxieuse, toujours obsédée du mystère qui nous environne et de l'infini où nous sommes baignés. Les impressions fortes de son jeune âge furent renforcées par des esprits et des oeuvres entretenant son rêve mystique, son appétit métaphysique et son goût de l'au-delà.

Son évolution est tout intérieure; toutefois, l'esprit allemand, l'occultisme et l'Orient, par leur goût du fantastique et de l'ireel, hâtent le déclenchement de la crise mentale.

Ses amours, fatalement malheureuses, — vu sa psychologie,— sont pour beaucoup dans son désir d'immortalité, en même temps dans ses aspirations à la mort. Elles achèvent de froisser cette sensibilité, trop vive pour supporter le choc des réalités.

La mort apparaît souvent dans ses oeuvres comme transfigurée et apprivoisée par l'amour.

Il essaie de se faire une vie dans le rêve et finit par perdre les attaches terrestres. Le monde mystique des religions du passé lui promet une réponse aux problèmes qui le sollicitent. Il s'y engage carrément et ouvre, sans se douter, une immense perspective au thème de la mort et de la survie: c'est celle de l'expérience religieuse de l'antiquité païenne et mystique. Gérard est de taille à s'assimiler tout cela. Il apprend à l'école des „grands initiés" la contemplation des choses éternelles, le relatif de la vie et de la mort; la pensée de l'au-delà lui devient intime; d'ailleurs, son passé personnel ressuscité lui fait revivre un monde disparu.

Le rêve fait partie intégrante de sa conscience éveillée, le temps et l'espace s'estompent de plus en plus et, dans sa folie, le poète les confond inextricablement. Dès lors, on conçoit bien que, sous l'impulsion pathologique de sa maladie, il veuille franchir au plus vite les bornes terrestres, pour communier avec le Divin.

Son suicide n'est que le dernier refuge dans un monde meilleur, terre de promission.

Le thème de la mort, il l'élargit et lui donne un caractère intérieur, philosophique et religieux. A une époque où la découverte scientifique des vestiges de l'antiquité rendit familière l'idée de l'écoulement éternel des choses,— la vie se renouvelle par la mort, mais rien ne périt,— les âmes inquiètes cherchaient un point d'appui pour les consciences ébranlées par la loi impitoyable de la mort cosmique. Gérard oppose à cette loi de condamnation divine un „syncrétisme religieux", perle de toutes les douloureuses expériences religieuses de l'humanité. Devant la fatalité qui accable, il faut plier, résigné, mais digne, pénétré de l'idée stoïque. La vie-souffrance est un dur apprentissage qui prépare l'avènement de la mort-délivrance.

La pensée de Gérard de Nerval sur ce point suit une ligne assez continue,— vu les troubles mentaux qui la brisent si souvent: l'idée de permanence romantique sert d'axe à toutes les tribulations de sa pensée. Elle suffit à expliquer son passage, très rapide, il est vrai, par le byronisme défiant la Divinité; cette même pensée le conduit à la recherche éperdue des vérités philosophiques et religieuses dans le passé; enfin, c'est toujours par là qu'il aboutit à ces moments où, courbé sous la peur d'une mort sans foi, il cherche des voies de réconciliation.

Par l'étendue du cadre de ses préoccupations, Gérard achemine le thème de la mort vers „l'école païenne", nourrie en spécial d'hellénisme et d'indianisme et aboutissant au désir du néant.

Pour ce qui est de son expression artistique, on est d'accord à voir en lui, à côté de l'écrivain classique par excellence, un poète déjà épris du mystère des vers, de leur musicalité suggestive et du trouble obscur qui s'en dégage. Cette seconde manière annonnce les symbolistes, avec lesquels Gérard a plus d'un point commun.

Avec la documentation historique et archéologique d'un Parnassien, il a le verbe ésotérique et abscons des symbolistes. Avant ces derniers, il laisse se confondre dans ses vers les plans différents de sa conscience: l'inconscient dispute le terrain au conscient. Plus de temps, ni d'espace. Les visions de ses rêves et les aperçus qu'il a sur l'au-delà à ses moments d'exaltation figurent à côté des données de sa vie consciente.

Gérard a vécu l'idée de la mort; après avoir mis en circulation en France un certain nombre de thèmes morbides, il a élargi le cadre et la portée de ce problème, auquel il a su donner une expression nouvelle, autrement puissante et suggestive.

Pour le fond de ses écrits, aussi bien que pour l'expression, il devance son temps: en „voyant de génie" qu'il était, il a eu ce don merveilleux et divin de vivre, en dehors des contingences, une vie projetée dans l'avenir. Son oeuvre annonce deux écoles littéraires qu'il ne devait pas connaître.

TABLE DES MATIÈRES.

TABLE DES MATIERES

Page

[illegible]tongues à liquides dans les éléments [illegible]oumai[illegible] par GR. NANDRIŞ . . .

II. — Le thème et le sentiment de la mort chez Gérard de Nerval (1808-1855), par NICOLAS J. POPA 27

Introduction. — Le problème 29

I. *Origines du sentiment de la mort.*
1. La jeunesse 37
2. Les livres.
a. Les auteurs allemands 40
b. L'initiation illuministe 54
3. Psycho-physiologie de Gérard de Nerval 63
4. Le milieu romantique 66
5. Les amours 72

II. *Expression du sentiment de la mort.*
1. „A la recherche d'Eurydice 80
a. *Le Second Faust* 86
2. La folie mystique 91
3. L'Orient. Sur les pas des „grands initiés“ 103
4. Nouveaux refuges.
a. *Les Illuminés* 123
b. Restes de germanisme. *Faust*, Heine 132

III. *Crise finale.*
1. Rechute et retour à l'enfance 139
2. L'attrait de l'au-delà. Le suicide 156

IV. *La mort — thème lyrique* 162
L'art 166
Conclusion 168

ERRATA

Page	Ligne	Au lieu de :	Lire :
31	28	bibliographie	« biographie »
32	22	ce serait	ce seraient
33	4-5	l'influence	les influences
34	32	des rythmes	de rythmes
40	32	J. Reynaud	L. Reynaud
41	3	. Dans	dans
41	19	avant [8]	avant [3].
42	19	Poésies allemandes	*Poésies allemandes*
42	22	marqués du	marquées de
44	33	1813	1813, t. I.
45	14	entouré	entourés
47	35	citté	cité
48	3	social,	social.
48	5	plusieurs reprises	à plusieurs reprises
50	25	pésies	poésies
50	25	Séb. Mercier	L. Séb. Mercier
51	11	metter	mettre
51	29	négattive	négative
51	32	Lazet	Laret
53	15	reverie	rêverie
56	4	au cœur	à cœur
59	4	Divan oriental	*Divan oriental*
59	8	Aucter	Aucler
60	6	Métamorphoses	*Métamorphoses*
60	14	et	est
60	29	pytagoriciennes	pythagoriciennes
60	32	iniitiation	initiation
61	33	à Des Granges	au marquis de la Grange
61	35	idem	idem
62	13	at	et
62	20	*Polyphile*	*Poliphile*
62	23	*Livre de la genèse*	*Livre de la Genèse*
62	33	*Polyphile*	*Poliphile*
63	27	La psychologie	Sa psychologie
63	33	Aucter	Aucler
64	32	Drs Rémont et Doivenel	Drs Rémond et Voivenel

Page	*Ligne*	*Au lieu de :*	*Lire :*
65	21	port	part
65	20	*pycho-analytiques*	*psycho-analytiques*
66	2	cetaine	certaine
66	15	O se plaît	On se plaît
66	15	de Nerval	Gérard de Nerval
69	23	felici	felice
69	24	rimembrauza	rimembranza
69	37	Journal des Goncourt	*Journal des Goncourt*
70	34	exprimer	exprimera
71	2	d'un	son
71	5	inspirée	inspiré
71	6	*vers dorés*	*Vers Dorés*
71	12	de autres	des autres
72	14	et	;
72	22	*Polyphile*	*Poliphile*
73	27	Le Second Faust	*Le Second Faust*
74	28	douloreuses	douloureuses
74	35	*Andrienne*	*Adrienne*
77	18	Gilson	Gilson [2].
77	33	adresse [2].	adresse [3].
77	35	2	3.
77	37	—	2. Et. Gilson, *De la Bible à Fr. Villon*. Ann. 1923 1924. Ec. H. Et. Sc. Relig. — 1923, Melun
79	8	Aurélia	*Aurélia*
80	23	là encore	, là encore,
81	23	a der	aider
83	28	Andebrand	Audebrand
83	30	Naptes	Naples
84	18	Voyage en Orient	*Voyage en Orient*
84	26	Aurélia	*Aurélia*
85	16	Hukim	Hakim
86	11	Le Second Faust	*Le Second Faust*
86	30	Faust	*Faust*
87	29	*Seconde Faust* ait	*Second Faust* eût
89	3	pa strès	pas très
89	15	revient... un but	y revient... au but
91	7	Le Pauvre Pierre	*Le Pauvre Pierre*
96	5	angosse	angoisse
96	34	il m'en coûtait	il ne m'en coûtait
98	2	planent	plane
98	14	vei le	veille
98	25	de	d'y

Page	*Ligne*	*Au lieu de :*	*Lire :*
98	26	dans ses songes...........	. —
99	20	que le Dr Barbier.........	, le Dr Barbier
100	21	l'ăme.................	l'âme
102	2	l'espooir................	l'espoir
102	25	avouat-il................	avoua-t-il
103	29	préoccupation, anxieuse,..	préoccupation anxieuse
106	4	son.....................	sont
107	18	embrrase................	embrasse
108	29	l cherche................	il cherche
110	16	un de traits..............	un des traits
112	4	Isis....................	*Isis*
113	19	drame de la mort.........	thème de la mort
113	36	Voyage en Orient.........	*Voyage en Orient*
114	17	de s'être................	de ne s'être
115	3	fermé...................	fermé [1]
115	13-17-31-33	haschich................	hachisch
115	30	créé....................	créés
116	23	culife...................	calife
117	10	rappelle.................	rappellent
117	11	done	donne
117	13-14	*des Egyptiens, qui accompagnait le corps du défunt..*	des Egyptiens,qui accompagnait le corps du défunt.
117	30	grêlé...................	grêle
118	14	de monde................	le monde
125	17	du culte.................	au culte
125	33	Zazotte.................	Cazotte
126	21	attache [2]	attache [3]
126	28	des tembes...............	des tombes
128	14	Christ aux Oliviers et les chimères..............	*Christ aux Oliviers et les Chimères*
128	28	soutent.................	sortent
129	22	*Le mont des Oliviiers......*	*Le Mont des Oliviers*
129	24	celu-ci..................	celui-ci
129	33	leutement...............	lentement
130	13	immobile................	immobile,
130	22	n'existé.................	n'existe
131	17	toujoours................	toujours
132	21	Chimères................	*Chimères*
132	30	abîmes.................	des abîmes
133	6	ou.....................	où
134	22	suit....................	suis
135	14	douleureux..............	douloureux
136	31	*Le Chvalier blessé.........*	*Le Chevalier blessé*

Page	*Ligne*	*Au lieu de :*	*Lire :*
137	23	dîtes....................	dites
137	25	dorées ?................	dorées ? »
139	17	insisté....................	insiste
139	16	Les souvenirs.............	« Les souvenirs
140	9	souvenris................	souvenirs
141	13	*les illuminés*.............	*les Illuminés*
141	27-28	différen-rents............	différents
141	29	phénomène...............	le phénomène
145	14	d'église..................	l'église
145	12	frère mystique............	« frère mystique »
145	18	qu aucun.................	qu'aucun
146	21	des moindres.............	les moindres
147	2	ressemblant..............	ressemblent
150	30	il y à....................	il y a
152	2	Filles du feu.............	*Filles du feu*
152	7	Faust....................	*Faust*
153	20	troubles ;................	troubles,
153	26	abolie,..................	abolie :
153	28	Mélaucolie..............	*Mélancolie*
153	31	l'Achéron,...............	l'Achéron :
154	19	Artémis.................	*Artémis*
154	25	La treizième... la première,	La Treizième... la première ;
154	30	j'aimais..................	j'aimai
155	10	ses souvenir.............	ses souvenirs
155	31	oneiro-critiques..........	oniro-critiques
157	12-13	Aurélia... Nuits d'octobre.	*Aurélia... Nuits d'Octobre*
159	9	Et viens à moi, mon fils, et n'attends pas la nuit....	***Et viens à moi, mon fils, et n'attends pas la nuit.***
159	15	des petits faits...........	de petits faits
159	27	cette époque-là...........	cette époque-là,
160	17	eurent...................	eut
161	22	de l'espèce...............	de l'espace
162	23	s'indentifier..............	s'identifier
163	18	les offres de la mort.......	les affres de la mort
164	19	réponde..................	répondent
166	33-34	frison....................	frisson
168	24	de l'iréel................	de l'irréel